LES
CENT MERVEILLES

DES SCIENCES ET DES ARTS

CONTENANT

L'histoire des progrès de l'industrie ;
la description des Découvertes les plus remarquables
faites dans les Arts,
des Ouvrages les plus merveilleux sortis de la main des hommes,
de diverses Machines et Procédés, etc.

PAR

M. DE MARLÈS

—

DEUXIÈME ÉDITION

TOURS

A^d MAME ET Cie, IMPRIMEURS-LIBRAIRES

—

1852
1851

AVERTISSEMENT

Quand nous avons offert à nos jeunes lecteurs le tableau
sublime des principales merveilles de la nature, nous
avons cherché à leur prouver que les plus superbes monuments élevés par la main des hommes, périssables et
chancelants sur leurs bases dès leur premier jour, ne sont
rien en présence de ces immenses ouvrages de la sagesse
et de la toute-puissance divine, qui voient passer devant
eux les siècles, et ne reçoivent pas du temps, qui brise
tout, l'atteinte la plus légère.

Nous n'avons pas voulu toutefois déshériter l'homme de
la portion de gloire et d'éloge qui lui revient pour ses
œuvres, car ses œuvres sont filles de l'intelligence, et l'intelligence lui vient de Dieu ; elles portent donc l'empreinte
de leur origine, et c'est encore à Dieu, auteur de tout,
que nous rapportons notre admiration, quand nous
éprouvons ce sentiment à l'aspect des ouvrages de l'homme.

Nous ne sommes pas, nous, de l'école moderne de certains philosophes qui, après avoir établi une sorte de pa-
renté entre les végétaux et les animaux, remontent par
degrés jusqu'à l'homme, auquel ils veulent bien faire

l'honneur de le placer à la tête du règne animal, sans toutefois le distinguer des autres membres de *sa famille*, que par une organisation plus parfaite. Ah ! loin de nous cette fausse philosophie, et remercions Dieu de ce qu'en nous créant il a daigné *nous faire à son image*, et nous accorder une portion d'intelligence.

C'est d'après ces principes, qui ne sont pas peut-être en harmonie avec l'esprit philosophique du siècle, mais qui certainement sont ceux d'un chrétien, que nous regardons avec intérêt les ouvrages de l'art, les produits de l'industrie humaine, parce que dans chacun d'eux nous voyons, pour ainsi dire, se refléter une étincelle de la céleste lumière.

Quelques écrivains ont dit, dans un sens détracteur, que l'art, n'étant qu'imitation, consistait uniquement dans la forme; mais l'art n'est pas seulement imitateur, il est souvent créateur. D'ailleurs, s'il n'y avait dans la nature qu'une seule forme pour tous les objets, ou même pour chaque espèce d'objets, on pourrait avec plus de raison soutenir que l'art est dans l'imitation de cette forme, mais dans cette multitude infinie de formes que la nature donne à tous les objets, aux produits même de l'imagination, si l'artiste choisit celle qui lui plaît le mieux, comment saura-t-il que ce sera aussi celle qui plaira le mieux aux autres? Ne voyons-nous pas chaque jour dans les créations de l'industrie des formes tellement variées, qu'on est tenté de croire qu'il n'y a point de règles, ou que du moins la seule règle à suivre c'est que la forme donnée à l'ouvrage ne choque point les yeux par une figure d'un effet désagréable? Il n'est donc pas possible que l'art consiste dans la forme, puisqu'il n'y a pas une forme unique. L'art est le principe qui produit, la forme est le résultat; ce sont deux choses distinctes. Nous convenons que l'art n'est souvent qu'imitateur ; mais qu'on convienne avec nous qu'il est souvent créateur, en ajoutant que le goût et l'expérience doivent le diriger dans ses œuvres.

Si nous employons le mot *art* pour désigner l'industrie, c'est que bien des gens entendent par ce mot l'industrie humaine appliquée de quelque manière que ce soit à toutes les productions de la nature, et que, suivant la qualité de l'objet auquel cette application est faite, le résultat prend le nom d'*art* ou de *science ;* art, si l'application est mécanique ; science, s'il s'agit d'examiner les lois par lesquelles l'objet est régi, ou les diverses faces qu'il présente. Ainsi l'art peut avoir, outre la pratique, une partie spéculative ; c'est ce qui a établi une distinction entre les arts libéraux et les arts mécaniques.

Nous reconnaissons toutefois que ces définitions offrent l'inconvénient de considérer l'art comme simple moyen d'exécution, au lieu de le considérer comme principe. Il n'y a là, au surplus, qu'une question de mots ; toute industrie est née d'un principe générateur ; elle s'exerce par la pratique. Soit que l'artiste ou l'ouvrier invente, soit qu'il ne fasse que perfectionner, la règle est toujours la même. Il a besoin d'intelligence et de dextérité, et suivant nous il n'y a de véritable industrie que lorsque ces deux qualités existent ensemble. Séparées, elles ne peuvent faire que des théoriciens, ou des ouvriers ordinaires.

D'après cet exposé, on peut concevoir que notre travail consiste à présenter, dans un cadre resserré, une notice exacte de tout ce qu'a produit l'industrie humaine dans les diverses branches des arts, principalement dans les arts mécaniques. Si nous avions dû nous occuper des arts libéraux, il nous eût fallu descendre à des développements immenses ; d'ailleurs, c'est le génie qui fait le peintre , le sculpteur, le musicien , l'architecte , plus que l'industrie proprement dite ; car à ce mot, comme nous l'entendons généralement aujourd'hui , s'attache toujours une idée de travail mécanique, travail qui doit être exécuté ou par l'inventeur lui-même , ou par des ouvriers qui opèrent sous sa direction. Quand l'astronome Herschell construisit son télescope , Pascal sa machine arithmétique , Vaucanson ses automates , ils ne firent pas eux-mêmes , mais ils firent faire par des ouvriers auxquels ils expliquaient leur pensée , et qui la traduisaient par leur travail ; mais le télescope, la machine arithmétique , les automates , n'en sont pas moins de merveilleux résultats de l'industrie humaine , pour la création desquels il a fallu intelligence et dextérité réunies.

Nous avons dû , en parlant de certains produits industriels, nous borner à des notions générales ; c'est ce qui nous est arrivé toutes les fois qu'il s'est agi d'une découverte qui n'a pas reçu la sanction du temps. Nous avons dû aussi nous montrer fort succinct sur quelques matières , en omettre d'autres qui sont trop connues pour avoir besoin d'être décrites ; si nous avions fait autrement, il nous aurait fallu des volumes. Quant aux matières que nous avons traitées , nous avons cherché à leur donner tout l'intérêt dont elles nous ont paru susceptibles.

—o❖o—

CENT MERVEILLES

DES SCIENCES ET DES ARTS

AÉROSTAT.

L'homme régnait sur la terre, il avait déchiré ses entrailles pour s'emparer des trésors qu'elle renferme, il avait conquis le domaine de l'Océan. Pourquoi n'aurait-il pas tenté, dans son insatiable ambition, d'acquérir l'empire des airs ? Il avait fait descendre du sein des nuages le fluide électrique, et, par ses machines, il avait en quelque sorte neutralisé le tonnerre et la foudre ; il voulait planer par-dessus les nuages ; il inventa les aérostats.

Ce fut, dit-on, en examinant l'ascension de la fumée et les nuages suspendus dans l'air que les frères Montgolfier imaginèrent, vers l'an 1783, de renfermer dans une enveloppe légère un fluide moins dense que l'air atmosphérique ; ce qui formerait en quelque sorte un nuage artificiel dont la force d'ascension serait proportionnée à la quantité de poids que le volume d'air déplacé aurait de plus que lui ; de telle sorte que, si le fluide contenu dans l'enveloppe était dix fois, douze fois, quinze fois plus léger que l'air, et que le poids de l'enveloppe fût moindre que celui de l'air, cette enveloppe serait forcée de monter avec une force égale à la différence existante entre le poids de l'enveloppe avec son contenu et celui de la quantité d'air déplacée.

Les frères Montgolfier eurent d'abord l'idée d'employer le gaz hydrogène, 14 1|2 fois plus léger que l'air ; mais ils se trouvèrent embarrassés pour la confection d'une enveloppe capable de le retenir. Ils n'avaient à leur disposition que du papier et de la soie, ce qui ne suffisait pas. D'idée en idée, ils arrivèrent à celle de l'air raréfié par le moyen du feu. Ils avaient éprouvé qu'un pied cube d'air, soumis à une chaleur de 50°, perd 4 grammes de son poids, et que si la chaleur est poussée à 80°, la perte du poids est de 8 grammes. D'après ces données, ils construisirent un globe qui avait 36 mètres de diamètre en toile doublée de papier et soutenue par un réseau de ficelle. Ils calculèrent que le volume total du globe était de 758 mètres cubes, et que son poids équivalait à 250 kilogrammes ; or, calculant pareillement que le volume d'air déplacé pesait 480 kilogrammes, ils conclurent que la force d'ascension serait d'environ 420 kilogrammes.

Ils ne s'étaient point trompés dans leur prévision ; la machine s'éleva rapidement jusqu'à la hauteur d'environ 170 toises ; au bout de peu de temps, et quand le combustible éteint ne fournit plus de chaleur, le globe retomba sans rien endommager dans sa chute. Le combustible était de la paille hachée, contenue dans un brasier suspendu au-dessous du globe.

Il paraît que, dès les plus anciens temps, les hommes avaient cherché à s'élever dans les airs. Les fables de Dédale, d'Icare, de Phaéton, n'ont eu peut-être pour fondement que diverses tentatives sans résultat ou malheureuses; et ce n'est qu'à la fin du XVIIIe siècle que le problème a été résolu en partie. On dit que Dédale avait eu recours à des ailes qu'il avait attachées à ses épaules avec de la cire. Pour concevoir l'idée de fabriquer des ailes, il a suffi de voir voler des oiseaux; mais le corps des oiseaux étant respectivement plus léger que celui de l'homme, il eût fallu donner aux ailes une grandeur immense. Il ne suffisait pas, d'ailleurs, d'avoir des ailes attachées au dos ou aux épaules; il fallait encore les faire mouvoir, ce qui ne pouvait guère s'exécuter que par le moyen des bras. Il est ridicule de dire que Dédale avait attaché ses ailes avec de la cire. La cire n'est pas capable de faire adhérer ensemble deux corps, qui doivent pourtant tenir fortement l'un à l'autre. Quelques écrivains, il est vrai, ont dit que Dédale s'enfuit de l'île de Crète au moyen d'une barque, à laquelle il attacha des voiles. Ici s'élève une autre difficulté. Les Grecs ont tiré de l'Égypte toute leur mythologie; or les Égyptiens ont toujours dit et enseigné que les voiles furent inventées par Isis, qui, s'étant embarquée sur le Nil pour aller à la recherche du corps de son époux Osiris, méchamment mis à mort par son frère Typhon, attacha son voile à la barque, et que ce voile, enflé par le vent, fit voguer le navire sans le secours des rameurs.

Au fond, nous ne serions nullement étonné qu'on eût essayé d'avoir des ailes. N'a-t-on pas vu, depuis l'invention des aérostats, des animaux et même des hommes descendre d'une hauteur prodigieuse à l'aide d'un parachute? Ne voit-on pas souvent des oiseaux parcourir dans l'air un espace considérable, sans faire aucun mouvement de leurs ailes, que seulement ils tiennent étendues?

Deux mois à peine s'étaient écoulés depuis l'ascension de la montgolfière, que le physicien Charles résolut de substituer à l'air raréfié le gaz hydrogène. Il construisit, à Paris, un ballon de taffetas enduit de gomme élastique dissoute à chaud dans l'essence de térébenthine. Ce ballon, d'environ douze pieds de diamètre, reçut du gaz hydrogène et ne le laissa pas échapper. Cet essai réussit. Un second ballon, lancé par le même presque immédiatement après le premier, s'éleva, en deux minutes, à une hauteur de près de 500 toises, et se soutint dans l'air près de trois quarts d'heure, quoiqu'il plût très-fort.

De son côté Montgolfier continuait ses essais, employant toujours l'air raréfié; seulement, au lieu de paille, il se servit d'une éponge imbibée d'huile, placée sur une grille au-dessous de l'orifice de l'aérostat. Le 15 novembre de la même année 1783, le fameux Pilastre du Rosier osa le premier s'aventurer dans une espèce de nacelle d'osier suspendue au ballon. Toutefois cet essai fut fait avec précaution ; le ballon, retenu par des cordes, ne put s'élever qu'à environ 15 toises, et au bout de quatre à cinq minutes on le fit redescendre. Six jours après il eut le courage de confier son existence au ballon, cette fois libre. Le ballon s'éleva tranquillement du milieu du Champ-de-Mars, longea l'île des Cygnes, qui existait encore, traversa la Seine et descendit sans accident sur la rive droite. Le marquis d'Arlandes avait accompagné l'aéronaute dans son ascension, et celui-ci, encouragé par ce succès, annonça l'intention de traverser la Manche en ballon et de se rendre en Angleterre. Il fut prévenu par Blanchard, qui partit de Douvres et arriva heureusement à Calais. Pilastre n'en continua pas moins ses préparatifs de voyage, et le 15 juin 1785 il monta dans la nacelle avec son ami Romain, qui l'avait aidé dans ses travaux. L'ascension eut lieu à Boulogne-sur-Mer, et l'aérostat s'éleva d'abord à une très-grande hauteur ; mais, au bout d'une demi-heure, on le vit prendre feu, et les deux infortunés furent précipités d'une hauteur immense ; ils tombèrent près du village de Vimille, non loin de Calais. Il est plus que probable que Pilastre aurait complétement réussi et qu'il aurait traversé le détroit, s'il n'avait eu la malheureuse idée de combiner le procédé de Charles avec celui de Montgolfier, c'est-à-dire d'employer à la fois la raréfaction de l'air par le feu et le gaz hydrogène, de toutes les substances connues la plus inflammable.

1*

C'était, disait Charles, placer un brasier sur un baril de poudre.

Depuis ce funeste accident, on a exclusivement adopté l'emploi du gaz hydrogène ; et il paraît que la navigation aérienne n'offre plus de dangers réels, pourvu qu'on prenne toutes les précautions nécessaires et soigneusement recommandées par l'expérience. Il s'agit d'abord de calculer le poids de l'enveloppe de la nacelle, du lest qu'on y ajoute, de faire une enveloppe solide qui ne perde point le gaz ; d'éloigner soigneusement tout ce qui pourrait amener l'inflammation du gaz ; de ne pas remplir le ballon en entier au moment du départ, parce qu'à mesure qu'on s'élève la pression extérieure diminue, ce qui permet au gaz de se dilater et d'augmenter son volume, ce qui pourrait faire éclater le ballon ; d'éviter une chute trop rapide en n'ouvrant la soupape que peu à peu ; de prendre garde à ce que la soupape soit en bon état. Si des malheurs sont arrivés à plusieurs aéronautes, il faut les attribuer ou à l'omission de quelques-unes de ces précautions, ou à des circonstances qu'on ne pouvait prévoir ni empêcher.

Dans le nombre des aérostats, il s'en trouve qui ont fait cinquante, soixante et jusqu'à cent ascensions, sans qu'il leur soit rien arrivé de fâcheux. Quelques-uns, il est vrai, ont péri ; mais outre que le nombre en est bien moins considérable qu'on ne le dit communément, car dans l'espace d'un demi-siècle on ne cite que neuf victimes, on peut dire que l'imprudence ou la négligence ont contribué presque toujours à la catastrophe. Mme Blanchard, par exemple, avait fait plusieurs ascensions, mais elle avait imaginé le bien dangereux amusement de lancer de sa nacelle des feux d'artifice, et à s'entourer, pour ainsi dire, d'une auréole de flammes; elle finit comme on prévoyait qu'elle finirait, par une chute. Elle était partie des jardins de Tivoli (barrière de Neuilly), à dix heures et demie du soir, le 7 juillet 1819. Une mèche d'artifice mit le feu au gaz, et l'aéronaute tomba sur une maison de la rue de Provence, où elle se fracassa les membres. Un ancien officier de la marine anglaise, M. Harris, avait fait plusieurs ascensions avec l'aéronaute Graham. Il voulut faire des améliorations à l'art aérostatique, et il construisit un ballon d'après son système. Il y monta en 1824 avec une jeune Anglaise, et il s'éleva d'abord très-heureusement à une grande hauteur. Après avoir plané quelque temps dans l'air, il voulut descendre, et ouvrit sa soupape. Par malheur elle était mal construite, et il ne put la refermer; de sorte que presque tout le gaz s'échappa et que la descente fut extrêmement rapide. Il fut tué du choc de la nacelle contre la terre; sa compagne ne fut que légèrement blessée.

On peut citer encore, comme victime de son imprudence, l'aéronaute Mosment qui fit sa dernière ascension à Lille, le 7 avril 1806. Il avait l'habitude de se tenir debout, les pieds sur une planche légère, suspendue au ballon avec des cordes. Cette planche lui tenait lieu de nacelle ; mais on sent qu'il était obligé de saisir avec ses mains les cordes qui le soutenaient, et qu'au moindre mouvement qu'il faisait, il devait éprouver un balancement dangereux. Dix minutes après son départ, il lança du haut des airs un quadrupède attaché à un parachute. On présume que, dans le mouvement qu'il dut faire, la planche glissa sous ses pieds, et que cela n'arriva que par suite du mouvement oscillatoire que dut éprouver le ballon, ainsi délesté tout à coup. Quoi qu'il en soit, le malheureux Mosment tomba dans les fossés de la ville.

Quant à l'Anglais Sadler, qui périt en septembre 1824, trois à quatre mois après M. Harris, il avait heureusement traversé le canal qui sépare l'Irlande de l'Angleterre, entre Dublin et Holyhead, et qui, dans cette partie, a trente-six à quarante lieues de large. Son long séjour dans l'atmosphère lui avait fait perdre beaucoup de lest, et malheureusement lorsqu'il voulut descendre, un vent violent poussa l'aérostat sur des bâtiments élevés, et fit heurter la nacelle contre une cheminée ; le choc fut si rude que Sadler tomba de la nacelle sur le sol. On ne le releva que mort.

La découverte des aérostats avait excité d'abord la plus vive admiration ; mais cette découverte, tout importante qu'elle était, ne pouvait produire aucun résultat bien réel, tant qu'on ne trouverait pas le moyen de régler et surtout de diriger la marche du ballon. Aussi, dans les années qui suivirent l'invention des aérostats, plusieurs académies françaises et étrangères s'occupèrent de cet objet, mais ce fut sans beaucoup de succès ; et quoique plusieurs savants, aient cru qu'il était possible d'obtenir un résultat satisfaisant, les essais qui furent faits à la fin du xviiiᵉ siècle ne répondirent pas à l'attente qu'on avait conçue, et l'art aérostatique fut à peu près abandonné ; on le vit pourtant reprendre ses droits en 1804, et exciter de nouveau l'attention des savants. MM. Biot et Gay-Lussac, de l'Académie des Sciences, firent une ascension qui fut suivie d'un second voyage entrepris par Gay-Lussac seul, dans l'intérêt de la science ; il s'était élevé jusqu'à 4,000 toises. L'Anglais Robertson avait exécuté l'année précédente une ascension du même genre à Hambourg ; et les observations des deux savants sur la composition des couches atmosphériques et sur la température s'accordèrent parfaitement.

Plus tard, de hardis aéronautes, parmi lesquels il faut citer Blanchard et Garnerin, ont fait un grand nombre d'ascensions ; mais, malgré leurs efforts, l'art est resté stationnaire, parce que la question essentielle, celle de la direction, n'a fait aucun progrès. Il paraît même, depuis plusieurs années, qu'on a perdu l'idée du perfectionnement qu'on avait d'abord saisie avec enthousiasme. C'est que toute l'attention se porte sur les intérêts matériels, et qu'on ne s'occupe guère de l'avancement de la science. Au fond, nous ne croyons pas, avec quelques écrivains enthousiastes, que la navigation aérienne pût jamais offrir de plus grands avantages que la navigation maritime, à voile ou à vapeur, et que, surtout pour le transport des marchandises, elle laissât bien loin derrière elle le système des canaux et des chemins de fer. On ne songe donc pas que pour transporter par l'air ce que transporte un convoi de chemin de fer, il faudrait un ballon presque aussi grand que la ville de Paris.

Ne cherchons pas dans les choses plus qu'il n'y a, plus qu'il ne peut y avoir. En supposant qu'il fût possible de diriger les ballons comme on dirige les vaisseaux sur la mer, la navigation aérienne, ne pourrait jamais être qu'un objet de curiosité ou d'agrément, utile peut-être dans quelques circonstances, mais, en général, sans avantage réel pour la société. Et il faut bien que cette opinion soit aujourd'hui très-répandue, puisqu'au milieu de tant d'efforts qui se dirigent vers toutes les branches de l'industrie, l'art des aérostats est à peu près oublié.

Quant à la question sans la solution de laquelle il n'y aura jamais de navigation aérienne possible, lors même qu'on en bannirait tous les dangers, et que pour enlever quelques centaines de kilogrammes il ne faudrait pas un globe immense (1), nous ne dirons pas que nous croyons cette solution impossible,

(1) Le 19 janvier 1784, on lança à Lyon un ballon qui avait 113 pieds de haut et 104 de diamètre; il portait Joseph Montgolfier, Pilastre et cinq autres personnes, et pesait 16 quintaux. La charge d'une charrette ordinaire, et à trois ou quatre chevaux, est de 70 à 80 quintaux.

mais nous y voyons tant de difficultés que l'impos-
sibilité absolue n'opposerait pas au succès un plus
grand obstacle. On a beau alléguer l'exemple de la
navigation maritime : c'est l'eau qui supporte le bâtiment ; c'est le vent bien ménagé qui le pousse en
sens divers. On parle du bateau à vapeur! Eh bien!
qu'on trouve le moyen d'adapter à l'aérostat une
machine qui frappe l'air avec autant de force que la
roue du bateau frappe l'eau ; qu'on y adapte encore
un gouvernail qui trouve dans l'air assez de résistance pour imprimer au ballon la direction voulue,
et l'on concevra qu'il sera possible d'imprimer une
direction au vaisseau aérien. Mais qui croira de
bonne foi que cette machine ou toute autre semblable
peut faire corps avec un ballon, qui n'est au fond que
de taffetas gommé? Qui pensera qu'à ce ballon on
attachera des ailes qui battent l'air avec une force
qui devra être d'autant plus grande, que ce fluide
aura moins de densité? On dit à cela : Voyez les
oiseaux! Oui, les oiseaux fendent l'air qui les supporte, et le traversent librement dans toutes les directions, comme cela leur plaît ; mais pour rendre
le ballon semblable à l'oiseau, il sera bon d'abord
de lui faire prendre la forme que la Providence a
donnée à l'oiseau ; il serait surtout nécessaire de lui
attribuer cette force d'impulsion que l'oiseau reçoit
de sa volonté.

Quand tout cela sera obtenu, et que le navire aérien
pourra voguer librement à droite, à gauche, avancer, reculer, monter et descendre, on pourra discu-

ter la question de savoir s'il convient d'abandonner
les canaux, les chemins de fer, ou même les routes
communes, pour s'en tenir aux voies aériennes.

MACHINE PNEUMATIQUE.

Il ne suffisait pas à l'homme de soupçonner les
diverses propriétés de l'air, pesanteur, élasticité,
compressibilité; il fallait acquérir la certitude que
ces propriétés existaient. On y parvint au moyen des
expériences que permit de faire la machine pneumatique. On avait remarqué que, par une aspiration
forte et soutenue, on pouvait raréfier l'air contenu
dans un tube, et que ce tube ainsi privé d'une portion de l'air qu'il contenait, adhérait assez fortement aux lèvres de celui qui avait aspiré ou pompé
cette portion. De cette remarque naquit la première
pensée de construire une machine avec laquelle on
pût opérer le vide dans un corps creux, assez grand
pour contenir les objets qu'on voudrait soumettre à
la privation d'air. Après bien des recherches et des
tâtonnements, la machine pneumatique fut inventée.

Cette machine est fort simple; elle consiste en une
forte platine supportée par trois pieds droits, percée, dans le milieu, d'un petit trou correspondant
à l'orifice d'une pompe aspirante placée entre les
trois pieds, au-dessous de la platine. Sur celle-ci, on
pose un globe de verre arrondi par le haut, de sorte
que ses bords inférieurs s'y appliquent très-exactement. On désigne ce globe par le nom de récipient.

Au premier coup de piston, on n'éprouve qu'une très-faible résistance; mais à mesure qu'on pompe l'air du récipient, la résistance augmente, et pour les derniers coups de piston, il faut une force d'environ 60 kilogrammes, poids équivalent à celui de la colonne d'air extérieur qui pèse sur le piston.

On voit alors dans le récipient, quand on fait agir le piston, une espèce de petite pluie qui s'attache aux parois. Ce sont les vapeurs aqueuses qui se trouvaient contenues dans l'air, et qui, ne pouvant s'y soutenir à cause de sa raréfaction, retombent en rosée. A chaque coup de piston, le récipient adhère plus fortement à la platine, de telle manière que lorsqu'on a formé le vide, il faudrait, pour l'en détacher, une force prodigieuse capable de soulever une colonne d'eau de trente-deux pieds du diamètre du récipient; mais dès qu'on rend à l'air extérieur la faculté de rentrer dans le récipient, celui-ci se détache de lui-même.

Il n'en fallait pas davantage pour démontrer que l'air est un corps pesant. Quant à son élasticité et à sa compressibilité, on les démontre par le moyen d'une pompe foulante, et le fusil à vent, qui n'est au fond qu'une pompe foulante, les démontre bien mieux en chassant avec force une balle, quand on laisse à l'air comprimé la faculté de reprendre son état naturel.

Quand on fait rentrer l'air dans le récipient, on doit le faire lentement et avec précaution, afin d'éviter tout accident; car l'air rentre avec une vitesse d'environ 1300 pieds par seconde, et s'il entrait en trop grande quantité, il briserait infailliblement par le choc le récipient.

Si l'on forme le vide dans deux hémisphères de cuivre ou de fer, s'emboîtant exactement l'un dans l'autre, il n'est plus possible de les séparer sans employer une force extraordinaire. Placés sous le récipient, dès qu'on forme le vide ils se séparent d'eux-mêmes, parce que l'air raréfié du récipient ne peut plus les soutenir l'un contre l'autre; ce qu'il y a de plus extraordinaire, c'est qu'ils se rejoignent, dès que l'air est introduit de nouveau.

Un animal, placé sous le récipient, cesse bientôt de respirer; et il périrait si on ne lui rendait l'air très-promptement. Un morceau de bois mis dans un vase plein d'eau et soumis à l'épreuve du vide, se trouve pénétré d'eau quand on le retire. C'est que, pendant l'opération, l'air contenu dans les pores du bois s'échappe en petites bulles qui s'élèvent à la surface de l'eau, d'où elles se répandent dans le récipient. Lorsqu'on fait rentrer l'air, l'eau comprimée par cet air nouveau s'introduit dans les pores du bois, où elle prend la place de l'air qui en est sorti.

DES PHOSPHORES.

On désigne par ce mot des corps naturels ou artificiels, qui ont la propriété de répandre de la lumière, principalement la nuit. Les vers luisants, le bois pourri, le poisson qui se corrompt, les yeux des chats, le poil de leur dos frotté à rebours par un temps sec, etc., sont des phosphores naturels, où l'industrie n'a aucune part; il n'en est pas de même du salpêtre raffiné, du soufre, du sucre, du phosphore urineux, de la pierre ardente, etc.

Pour tirer des étincelles du soufre, du sucre et du salpêtre, il suffit de frotter fortement ces substances dans l'obscurité, deux morceaux de sucre, par exemple, l'un contre l'autre. Un baromètre à mercure devient lumineux quand on le secoue, si toutefois le tube a été bien vidé d'air et le mercure purgé, par la filtration, de toute impureté.

Du linge blanc bien chauffé et ensuite enfermé dans un lieu sec, déplié la nuit et frotté légèrement avec la main, produit de nombreuses et brillantes étincelles.

On trouve aux environs de Bologne, en Italie, une pierre qui, après qu'elle a été calcinée, exposée pendant longtemps au grand jour, brille ensuite pendant l'obscurité. On supplée à la pierre de Bologne par la pierre à chaux, le silex, le marbre, les écailles d'huitre, les os d'animaux, et même les coquilles d'œufs. Si l'on place dans un creuset une portion quelconque de ces matières, et le creuset dans un feu de forge où on le laisse une heure, on obtient un véritable phosphore brillant dans l'obscurité. La cendre de bois, dissoute dans l'eau forte, évaporée et séchée, placée ensuite dans un creuset sur un feu modéré, donne aussi un phosphore dont la lumière est fort vive. Mais l'un des meilleurs phosphores est

celui qu'on retire, par fermentation et distillation,
des sécrétions animales. Ce phosphore se dissipe à
l'air; mais il se conserve dans l'eau pendant plusieurs
années. Il suffit, pour l'enflammer, de le frotter fortement ou d'en écraser un morceau.

La poudre ardente a, par-dessus les autres phosphores, la propriété de briller le jour comme la nuit,
dès qu'on l'expose au contact de l'air. On la tire
des farines du sucre, du miel, des fleurs, des jaunes
d'œufs, etc., qu'on mêle avec une quantité proportionnée d'alun. Au surplus, ce phosphore n'est pas
seulement lumineux, il brûle, et peut enflammer tout
corps combustible; ce qui vient du soufre qui réside
abondamment dans toutes les matières dont on le
compose, surtout dans les jaunes d'œufs.

MIROIRS ET VERRES D'OPTIQUE.

Par la nature de la lumière, par sa marche directe,
sa réflexion et sa réfraction, on s'était aperçu d'une
infinité de phénomènes dont l'industrie tâcha de s'emparer pour les faire servir aux besoins de l'homme.
On remarqua d'abord qu'un rayon de lumière pour-
suit toujours une direction invariable tant qu'il ne
rencontre pas dans sa marche un obstacle quelconque, et que cette direction est constamment
droite; que si le rayon tombe sur un corps opaque
il se réfléchit, et que l'angle de réflexion, c'est-à-
dire celui que fait, en se relevant, le rayon avec la
surface horizontale ou inclinée du corps opaque, est

toujours égal à l'angle d'incidence, c'est-à-dire à celui que le rayon fait avec la surface du corps en tombant sur lui ; qu'ainsi sur une surface convexe, c'est-à-dire bombée, le rayon réfléchi s'éloigne considérablement de la direction primitive ; que, sur une surface creuse ou concave, au contraire, le rayon réfléchi se rapproche de cette direction, et que ces effets sont d'autant plus apparents que la convexité ou la concavité sont plus grandes. Enfin on remarqua que, lorsque le rayon passe d'un corps transparent ou milieu dans un autre plus ou moins dense, il subit une déviation très-sensible de sa direction naturelle, déviation qu'on désigne par le nom de *réfraction :* qu'ainsi le rayon qui sort de l'air pour traverser un nuage, du verre, de l'eau, etc., milieux plus denses que l'air, le rayon s'éloigne de sa direction primitive en remontant. C'est pour cela que nous voyons encore le disque du soleil pendant quelque temps, après qu'il est sous l'horizon ; que la réfraction s'opère en sens contraire, quand le rayon sort d'un milieu pour entrer dans un milieu moins dense, comme si, sortant de l'eau ou du verre, il entre dant l'air.

Pour avoir une idée nette de cette réfraction ; prenez un vase quelconque, un verre à boire ; placez-le sur une table et mettez dans le fond un anneau, une pièce de monnaie ou toute autre chose ; retirez-vous ensuite en arrière jusqu'à ce que vous ne voyiez point l'objet ; cela fait, versez de l'eau dans le verre, et l'objet se montrera très-distinctement, bien qu'il n'ait pas changé de place. Plus simplement encore, plongez une baguette bien droite dans l'eau, en lui donnant une position oblique, et la baguette paraîtra brisée à la surface de l'eau, la partie inférieure se montrant au-dessus de la place que réellement elle occupe.

Il faut seulement observer qu'il n'y a de réflexion ni de réfraction qu'autant que le rayon entre dans le nouveau milieu dans une direction oblique; car s'il y entrait directement il n'y aurait pas de réfraction, et la réflexion serait inaperçue.

Des observations nouvelles, appliquées à l'organe de la vision, apprirent que toute la différence qui existe entre la vue longue et la vue courte, n'est due qu'au plus ou moins de convexité de l'œil. On tira de là la conséquence qu'il serait possible de donner à ceux qui ont la vue très-longue les moyens de distinguer les objets de près, et à ceux qui l'ont très-courte de les distinguer de plus loin; et l'on inventa les verres convexes et concaves, les miroirs plans, concaves et convexes.

On reconnaît aussi, par l'anatomie de l'œil, qu'il se compose de trois membranes et de trois tumeurs qui remplissent les intervalles; que la *cornée*, qui enferme tout le globe de l'œil, est transparente dans sa partie antérieure, afin que les rayons lumineux puissent la traverser; que la seconde membrane, qu'on appelle *uvée*, est percée d'un petit trou qu'on nomme *prunelle* ou *pupille*, afin que les rayons émis par l'objet qu'on regarde aillent se fixer sur la *rétine*, qui est la troisième membrane.

De toutes les observations précédentes, on tira cette conclusion que, si les rayons pénétraient dans l'œil en suivant leur direction primitive, ils ne feraient sur la rétine que des impressions vagues et inappréciables ; que les humeurs qui remplissent l'œil sont destinées à faire converger les rayons et à les réunir exactement sur la rétine ; que si la réunion s'opère avant d'arriver à cette membrane, ou si elle s'opère au delà, la vision est confuse, et l'image de l'objet vague et informe ; que le premier cas a lieu quand l'œil a beaucoup de convexité, parce qu'alors les rayons convergent trop et qu'ils se réunissent avant de frapper la rétine ; que le second cas se présente chez les personnes qui ne voient qu'à de grandes distances. Ce sont les presbytes : les premiers sont nommés myopes.

Cela posé, il paraissait naturel de penser que si on interposait entre l'objet et l'œil du myope un verre qui eût la propriété de faire diverger les rayons, ceux-ci, entrant dans l'œil moins convergents, pourraient se réunir exactement sur la rétine ; et ce fut ce qui arriva par l'interposition des verres plus ou moins concaves. Le verre convexe ayant la propriété contraire, c'est-à-dire rendant les rayons plus convergents, pouvait servir à corriger le vice de l'organe du presbyte, de manière qu'au lieu de se réunir au delà de la rétine, les rayons eussent leur point de réunion sur la rétine même.

Quant aux miroirs plans, concaves ou convexes, ils ont été employés toutes les fois qu'on a voulu ob-

tenir une réflexion quelconque des rayons lumineux,
soit en les faisant réfléchir directs, divergents ou
convergents. Nous en parlerons dans l'article suivant.

LUNETTES D'APPROCHE, TÉLESCOPES, MICROSCOPES, ETC.

On avait remédié en partie aux inconvénients de
la vue; l'homme ne fut pas satisfait, il voulut des
instruments qui rapprochassent de lui les objets,
qui les grossissent, qui en montrassent les plus petites formes; et après bien des recherches et des tâtonnements, on trouva les lunettes d'approche, les
télescopes et les microscopes.

Ce ne fut que dans le XIIIe siècle qu'on vit paraître
des bésicles, qu'on plaçait sur le nez, et des loupes
dont on se servait pour grossir les objets; les premières se composaient de deux verres légèrement
convexes; la loupe consistait simplement en un verre
convexe, avec une monture au moyen de laquelle on
le tenait à la main, ou on le suspendait à un pied.
Ce fut à la même époque qu'on parla de lunettes
d'approche; l'Italien Fracastor en a fait mention,
mais ce n'a été qu'en 1609 que le Flamand Métius,
ayant trouvé le moyen de tailler de toute manière
les verres optiques, fit usage de sa découverte pour
la confection de ses lunettes d'approche, consistant
en un long tube dans lequel se trouvaient placés plusieurs verres convexes, de manière que le foyer se
trouvât aboutir justement au verre objectif, par où
l'œil regarde l'objet.

Galilée n'avait pas vu les lunettes de Métius; mais il en fit construire, de son côté, de beaucoup plus longues. Deux Italiens, Campani et Divini, allèrent bien plus loin que Galilée, et taillèrent des verres qui avaient jusqu'à 120 pieds de foyer; mais ces instruments avaient deux grands inconvénients : ils n'étaient pas d'un usage commode, et ces longs tubes se courbaient toujours au milieu, quelques précautions que l'on prît.

Huyghens, et après lui Bianchini, frappés de la difficulté d'employer ces longues lunettes de 50 ou de 60 pieds, donnèrent leur télescope; mais il restait encore tant d'embarras dans l'usage de cet instrument, que, malgré l'approbation de l'Académie des Sciences (1713), on ne tarda pas à l'abandonner pour le télescope de Halley, qui lui-même fut négligé dès que Newton eut fait paraître le sien, dont il devait l'idée au P. Mersenne, inventeur d'une lunette composée d'un grand miroir concave et d'un petit miroir convexe opposé au premier. Ces miroirs étaient disposés de manière qu'on pouvait regarder à travers la longueur de la lunette, comme dans les lunettes ordinaires. Le P. Mersenne proposa son instrument à Descartes, qui le désapprouva; Newton, mieux inspiré, saisit l'idée du projet, et il fit son télescope à réflexion.

Le télescope de Newton consiste en un tube à l'extrémité duquel est placé un miroir concave. Avant d'arriver à leur foyer, les rayons convergents sont reçus sur un miroir plan, formant avec le tube un angle de 45°, d'où ils aboutissent à un verre convexe ou lentille, fixé à l'extrémité supérieure de l'instrument. Le télescope de Grégory consiste en un tube dans lequel est placé un grand miroir concave, percé d'un trou au milieu. Les rayons visuels réfléchis par ce miroir sont reçus sur un miroir plus petit, d'où ils sont de nouveau réfléchis sur le verre objectif placé au centre du grand miroir. Ce fut sur le principe adopté par Grégory que l'opticien Segard construisit à Paris, vers la même époque (1736), un télescope de 20 pouces ayant la même portée que les lunettes de 16 pieds.

Enfin, le fameux Herschell imagina son grand télescope, qu'il fit construire sous sa direction en 1785, mais qui ne fut terminé qu'au bout de quatre ans, le 28 août 1789. Il découvrit le même jour, à l'aide de cet instrument, le sixième satellite de Saturne. Ce télescope se compose d'un grand tube en fer, long de 39 pieds 4 pouces (anglais), et dont le diamètre est de 4 pieds 10 pouces. Au fond de l'instrument est un grand miroir dont la concavité a 4 pieds de diamètre, 3 pouces et demi d'épaisseur, et 2,000 livres de poids. Les rayons venant de l'objet sont réfléchis sur une lentille qui se trouve placée à l'extrémité supérieure, au-dessous de l'ouverture par laquelle entrent les rayons. C'est par cette lentille que l'observateur regarde; il tourne le dos à l'objet. L'instrument, soutenu par une espèce d'échafaudage, abaisse ou élève son orifice supérieur au moyen de poulies. La partie inférieure, à laquelle se trouve fixé le grand miroir, reste toujours sur le sol. On assure qu'il grossit l'objet *six mille fois ;* et comme il n'a pas de second miroir réflecteur, comme celui de Newton, les objets y paraissent beaucoup plus clairs.

Le microscope date du commencement du xvi° siècle; mais ce ne fut qu'au siècle suivant qu'il prit une forme régulière. Cet instrument a reçu de grandes améliorations, et par la réunion de deux verres convexes on est parvenu à en faire qui grossissent l'objet trois ou quatre cents fois, de sorte qu'une mouche placée au foyer y paraît horriblement monstrueuse.

MIROIRS ARDENTS.

Les miroirs ardents étaient connus depuis très-longtemps (V. l'article *Miroir ardent et Vis d'Archimède ;* mais plusieurs siècles s'étaient écoulés sans qu'on en fît usage. A la fin du xvii° siècle, on fabriqua dans les verreries de la Saxe des miroirs ardents d'une grande dimension, avec lesquels on fondit des métaux, et on vitrifia des pierres; en 1700, on vit au Palais-Royal, à Paris, un miroir de verrerie, convexe des deux côtés, de 3 pieds de diamètre et du poids de 160 livres. Un Hollandais fit jeter trois miroirs dans la verrerie de Newbourg; l'un d'eux avait 3 pieds 5 pouces de diamètre, et son foyer était à 9 pieds de distance. Les métaux y entraient en fusion.

LE MONUMENT DE LONDRES.

On désigne par ce nom de Monument une haute tour qui fut érigée à Londres par l'architecte Wren, à qui cette ville doit son superbe temple de Saint-Paul. Cette tour, qu'on regarde avec raison comme une merveille de l'architecture moderne, s'élève à 200 mètres environ, vers le nord, du pont de la Tamise dit Pont-de-Londres. Elle fut érigée pour perpétuer la mémoire du terrible incendie qui, en 1666, dévora toute cette partie de la Cité, depuis la Tour de Londres jusqu'à Temple-Bar. Sur un piédestal haut de 40 pieds s'élance, comme un jet, une tour haute de 120 pieds, et supportant un couronnement qui en a 42, ce qui fait pour le monument une hauteur totale de 202 pieds. L'intérieur de la colonne renferme un escalier de 345 degrés, par lequel on arrive au balcon de fer qui est au sommet. La colonne n'a que 15 pieds de diamètre à sa base. On regrette qu'elle soit placée dans un lieu étroit et obscur, où elle est à peine aperçue. Une inscription placée sur le piédestal donne à entendre que l'incendie fut l'ouvrage des catholiques. C'est une absurde calomnie, que repoussent les Anglais eux-mêmes, qui tous conviennent qu'on ferait bien d'effacer l'inscription.

THERMOMÈTRE.

On désigne par ce nom, formé de deux mots grecs, *thermos*, chaleur, et *metron*, mesure, un instrument, quelle que soit sa forme , au moyen duquel on peut mesurer la quantité de calorique renfermée dans les divers corps de la nature ; soit pour comparer la chaleur respective de ces corps avec une chaleur connue, telle que celle de l'eau bouillante ; soit pour connaître les effets de la chaleur appliquée à ces mêmes corps. Le thermomètre consiste en un tube capillaire de verre d'un diamètre égal dans toute sa longueur. On soude à l'une de ses extrémités un petit globe ou un cylindre, aussi de verre, destiné à servir de réservoir pour le mercure ou l'esprit-de-vin qu'on y introduit en chauffant le tube afin d'en chasser l'air, et en le plongeant ensuite par l'extrémité ouverte dans l'une ou l'autre de ces substances. On conçoit que la pression de l'air atmosphérique sur l'esprit-de-vin ou le mercure le force à monter dans le tube, ce qui s'opère d'autant plus aisément que le vide a été mieux formé. Quand le tube a reçu la quantité suffisante de liquide , on ferme l'ouverture encore existante en l'exposant à une forte chaleur, telle que celle qui est produite sur la flamme d'une lampe par le souffle de l'éolipyle. Pour que le thermomètre soit bon , il faut qu'il ne reste pas d'air dans le tube ; car cet air, en quelque petite quantité qu'il s'y trouvât, empêcherait la libre dilatation du mercure ou de l'esprit-de-vin, ce qui amènerait des résultats inexacts.

Quand cette opération est terminée, on gradue le thermomètre, c'est-à-dire qu'on marque sur la planchette à laquelle le tube est attaché un certain nombre de degrés, qui divisent l'espace compris entre le point marqué par la liqueur condensée, pour la glace fondante, et le point atteint par la liqueur dilatée à la température de l'eau bouillante. Pour obtenir ces deux points, qui doivent être invariables, on plonge successivement l'instrument dans la glace fondante et dans l'eau en ébullition. Le nombre de divisions qu'on applique ensuite à l'intervalle qui se trouve d'un point à l'autre, est en quelque sorte arbitraire, car il a varié suivant que les inventeurs l'ont jugé convenable. On ignore, au reste, à qui en est due l'invention première, qui paraît remonter au commencement du xviie siècle. Les Italiens en réclament l'honneur pour le médecin Santorius, né à Capo-d'Istria en 1551, professeur de médecine à l'université de Padoue, et célèbre par ses expériences sur la transpiration, qu'il regardait comme principe de la santé; mais les Allemands prétendent que cette gloire appartient à l'alchimiste hollandais Drebbel, mort en 1634, lequel avait inventé, selon eux, le télescope, le microscope, le thermomètre, et, ce qui est moins incertain, l'art de teindre en écarlate.

Le liquide dont on se sert le plus communément est le mercure; mais quand il s'agit d'observations météorologiques, ou de mesurer des températures inférieures à la congélation du mercure, laquelle n'a lieu qu'à 49° au-dessous de zéro, on se sert du thermomètre à l'esprit-de-vin ou alcool. Au surplus, on les gradue de la même manière; seulement on colore l'alcool avec l'orseille, afin de le rendre plus aisé à distinguer.

Le thermomètre de Delisle, de Saint-Pétersbourg, a son 0° au point de l'eau bouillante, et il est gradué du haut en bas jusqu'à 150. Les Russes s'en servent et n'en veulent pas d'autre. Le thermomètre de Réaumur, perfectionné plus tard par Debec, ne diffère de celui de Delisle que par la manière dont il est gradué. Au lieu de marquer 100 au point de l'ébullition, il ne marque que 80; et à compter de 0°, point de la glace fondante, il est gradué de bas en haut pour la température inférieure. L'espace entre les deux points principaux est divisé en quatre-vingts degrés. Ce thermomètre est le seul dont on ait fait usage en France, en Italie et dans la Péninsule, jusqu'à ces derniers temps. On lui a substitué, en France, le thermomètre centigrade inventé par le Suédois Celsius, en 1742, douze ans après que Réaumur avait gradué le sien; mais on a retenu celui de Réaumur en Espagne et en Italie.

L'horloger Bréguet a inventé un thermomètre métallique, dont le principe est fondé sur l'inégalité de dilatation qu'éprouvent les métaux. Il consiste en une hélice composée de trois lames métalliques larges d'environ une ligne, très-minces, l'une d'argent, 'autre d'or, et la troisième de platine. Les variations de la température agissent sur ces lames, mais d'une manière inégale; de sorte que le plus ou le moins de dilatation qu'elles subissent fait détordre ou tordre l'hélice fixée à son extrémité supérieure et armée à l'autre extrémité d'une aiguille très-déliée, dont la pointe se promène sur un cadran placé au-dessous de l'hélice, et divisé en degrés d'une manière analogue à la division du thermomètre à mercure. Cet instrument est extrêmement sensible, ce qui le rend d'un grand usage dans les expériences météorologiques.

Le thermomètre de l'Allemand Farenheit, qui vivait dans le xviii⁰ siècle, est gradué d'une manière particulière, et ses degrés sont beaucoup plus petits que ceux du thermomètre centigrade ; car, entre la glace fondante et l'eau en ébullition, l'espace est divisé en cent quatre-vingts parties ; et comme la glace fondante est marquée à 32°, l'eau en ébullition l'est à 212. Les Anglais, les Hollandais et Américains-Unis ont adopté cet instrument, qui a le défaut de ne pas présenter une idée nette à l'esprit, comme le Réaumur ou le centigrade ; avec le Farenheit on est toujours obligé, quand on veut se rendre compte des degrés de température au-dessus de la glace fondante, de faire, mentalement au moins, la soustraction du nombre 32.

Le thermomètre à air ou différentiel de Leslic consiste en un tube horizontal aux deux extrémités duquel s'adaptent deux tubes verticaux terminés chacun par une boule. Ces deux tubes doivent avoir la même hauteur et leurs boules la même capacité. La branche horizontale est pleine d'acide sulfurique concentré et coloré par l'indigo ; les tubes verticaux ne renferment que de l'air. C'est la dilatation de l'air, opérée dans l'un d'eux par la chaleur, qui force le liquide à monter dans le tube opposé. Pour diviser ce thermomètre en parties analogues à celles du centigrade, on chauffe pareillement les deux boules, de manière que le liquide se soutienne à la même hauteur dans les deux tubes ; on marque ce point par 0°. Il s'agit ensuite d'obtenir un second point invariable. On y parvient en chauffant l'une des deux boules à la température de 8° Réaumur, et en refroidissant l'autre qu'on enveloppe de neige fondante. La dilatation de l'air contenu dans la première boule force la liqueur à s'élever dans le second tube, et l'on marque du nombre 8° le point où elle s'arrête. On divise ensuite en huit parties égales l'intervalle compris entre les deux points, et l'on prolonge ces divisions au-dessus et au-dessous. Chacun des degrés de cet instrument ne représente que la dixième partie d'un degré du thermomètre ordinaire.

On appelle thermomètre à gaz un instrument composé d'un long tube capillaire ouvert à une de ses extrémités, terminé à l'extrémité opposée par une boule. On introduit un peu d'acide sulfurique coloré, ce qu'on fait en chauffant la boule avec la main et en plongeant ensuite dans le liquide l'extrémité ouverte. La liqueur introduite, qui sert d'index, sépare l'air raréfié de la boule de l'air extérieur ; et comme l'augmentation ou la diminution de volume de l'air intérieur est produite par la pression plus ou moins forte de l'air atmosphérique, on doit rapporter aux indications du baromètre les propres indications de l'instrument.

Il y a plusieurs autres espèces de thermomètres ;

2*

mais comme ils ne sont d'usage que pour les recherches scientifiques qui demandent beaucoup de pré-
cision, nous croyons inutile d'en parler ici. Nous
nous bornerons à mentionner le *thermomètre à
registre*, qui n'est qu'un thermomètre ordinaire auquel se trouve adapté un mécanisme au moyen
duquel ses indications sont notées en l'absence
même de l'observateur.

THERMOSCOPE.

C'est un instrument assez semblable au thermomètre à air, se composant comme lui d'un tube horizontal et de deux tubes verticaux terminés par deux
boules; seulement, le premier tube est plus long que
dans le thermomètre, et les deux autres sont plus
courts. Cet instrument renferme quelques gouttes
d'alcool coloré servant d'index. Cette substance doit
occuper tout au plus, dans le tube horizontal, une
longueur de deux à trois centimètres. Le 0° se trouve
au milieu de ce tube; les divisions suivent à droite
et à gauche. Le thermoscope ne s'emploie que pour
mesurer les températures peu élevées.

ARÉOMÈTRE.

Le roi de Syracuse, Hiéron, avait fait faire une
couronne d'or. Il soupçonna qu'on avait mêlé à l'or
beaucoup d'alliage; il voulut éclaircir le fait. On
s'adressa d'abord à divers individus qui ne purent

répondre aux désirs du prince. On eut alors recours à Archimède. Ce grand géomètre avait découvert, par des expériences nées de ses réflexions, qu'un corps solide plongé dans un liquide perd de son poids une somme égale au poids du volume du liquide déplacé. Ce fut par des conséquences de ce principe simple qu'il y parvint en effet : ce fut en plongeant alternativement dans l'eau une couronne d'or pur et la couronne royale, et en comparant leur poids respectif par le volume d'eau déplacé par chacune. Il était au bain public lorsque la solution se présenta claire et nette à son esprit, et il en conçut tant de joie que, sans songer qu'il était sans vêtements, il s'en alla courant par les rues en criant : « Je l'ai trouvé, je l'ai trouvé ! »

C'est sur ce principe découvert par Archimède, qu'un corps pesant s'enfonce dans un fluide jusqu'à ce qu'il y prenne la place d'un volume de ce fluide égal à lui en pesanteur, qu'a été construit l'aréomè-tre, instrument qui sert à mesurer la densité et la pesanteur des solides et des fluides. Sa construction au surplus peut beaucoup varier dans la forme autant que dans la matière dont il se compose ; mais quelle que soit la forme qu'on lui a donnée, on est toujours parti du principe que nous venons d'énoncer ; d'où il résulte que plus un fluide est dur et pesant, moins le volume de ce fluide déplacé par l'introduction du solide sera considérable ; que par conséquent l'aréo-mètre enfonce d'autant moins que le fluide a moins de densité. Ainsi l'aréomètre déplace plus de vin que d'eau, plus d'eau-de-vie que de vin, plus d'huile que d'eau-de-vie, etc.

L'aréomètre consiste en un tube de verre long, cylindrique, de très-petit diamètre, terminé à son extrémité inférieure par une boule qu'on remplit de mercure ou de plomb en assez grande quantité pour que l'instrument abandonné à lui-même dans un liquide s'y trouve toujours debout. Le tube est divisé par degrés, et la pesanteur du fluide s'estime suivant la profondeur à laquelle descend l'instrument. Le fluide où l'aréomètre descend le plus est évidemment le plus léger. Cet aréomètre est très-ancien; car on le trouve exactement décrit dans un poëme intitulé *De ponderibus et mensuris*, lequel fait partie de la collection publiée par Vendorf sous le titre de *Poetæ latini minores*.

On divise ces instruments en aréomètres à volume constant et aréomètres à poids constant. Les premiers, plus exacts, servent dans les laboratoires; les seconds s'emploient dans le commerce et dans les fabriques. Farenheit a donné à son aréomètre la forme d'une poire renversée, terminée en bas par une espèce de conque ou de nacelle, pleine de plomb ou de mercure. Cette poire a, en guise de pétiole ou de queue, une tige très-effilée qui soutient une cuvette : le corps de l'instrument, en métal ou en verre, est creux, rempli d'eau et hermétiquement fermé; la conque, surchargée de plomb ou de mercure, force l'instrument à se tenir debout quand on le plonge dans l'eau. Vers le milieu de la tige est une espèce de bourrelet, désigné par le nom de *point d'affleurement*. Le poids de l'instrument étant connu, 100 grammes par exemple, on le plonge dans l'eau pure et on met dans la cuvette autant de poids qu'il en faut pour le forcer à descendre jusqu'au point d'affleurement. Si ces poids ajoutés équivalent à 20 grammes, on en conclura que le volume d'eau déplacée pèse 100 grammes plus 20. Cela fait, on plonge l'instrument dans le liquide dont on veut connaître la pesanteur et la densité. S'il ne faut mettre dans la cuvette que 12 grammes de poids pour que l'aréomètre atteigne le point d'affleurement, on en conclura que le volume déplacé du nouveau liquide ne pèse que 100 grammes plus 12. Or, comme à volume égal la densité des corps est proportionnelle à leur poids, on aura pour résultat que la densité de ce liquide est à celle de l'eau comme 112 est à 120.

A la nacelle chargée de plomb ou de mercure, Nicholson a substitué une cuvette à recevoir des poids, innovation heureuse qui permet de mesurer la densité des solides. On commence par faire affleurer l'aréomètre, et on prend note de la quantité de poids qu'il a fallu pour produire l'affleurement. On ôte ensuite ce poids ajouté, et on place sur la cuvette d'en haut le solide qu'on veut peser. Ou l'aréomètre affleure ou il n'affleure pas ; dans ce dernier cas, on force l'instrument à descendre, et le surcroît de poids sera distrait du montant de la première charge qui a déterminé l'affleurement ; de sorte que, si cette première charge a été de 20 grammes et que le solide étant placé dans la cuvette supérieure il ne faille que 12 grammes ajoutés pour faire affleurer l'instrument, on pourra conclure que le corps solide pèse 20 grammes moins 12, ou 8 grammes. Une troisième opération est ensuite nécessaire pour reconnaître la densité du solide. On place celui-ci dans la cuvette inférieure et l'on replonge l'aréomètre dans l'eau; mais cette fois il faudra pour le faire affleurer plus de 12 grammes, parce que le solide, en plongeant, perd de son poids autant que pèse le volume d'eau déplacée. Si par exemple il a fallu ajouter 2 grammes aux 12, il sera évident que la perte de poids subie par le solide a été de 2 grammes. De là il suit que la densité du solide sera à celle de l'eau comme 6 (différence de 14 à 20) est à 2.

L'aréomètre à poids constant n'est pas autre que celui que nous avons d'abord décrit. L'inconvénient qu'il présente, c'est l'arbitraire qui règne dans la graduation du tube.

Il existe une autre espèce d'aréomètre, inventé par M. Humberg. C'est une bouteille de verre à col extrêmement étroit, au corps de laquelle est adapté un tube capillaire qui monte parallèlement au col. On verse la liqueur dans la bouteille par l'orifice du col jusqu'à ce qu'elle sorte par l'orifice du tube capillaire, c'est-à-dire jusqu'à ce que la liqueur soit de niveau dans le tube et dans le col avec la surface de l'eau; ensuite, au moyen d'une balance, et le poids de l'aréomètre étant connu, on trouve la pesanteur de la liqueur contenue dans l'instrument. Cet aréo-

mètre est sujet à bien des inconvénients causés par
les variations de la température et par son action sur
les liquides, dont les uns se condensent bien plus
aisément que les autres. D'ailleurs, la vertu attractive du tube capillaire fait que la liqueur y monte plus
que dans le col, quoique très-étroit; et comme les
liqueurs subissent, suivant leur nature, une attraction plus ou moins forte, il n'est pas possible de
déterminer d'une manière précise les déductions à
faire pour ces diverses attractions.

BAROMÈTRE.

Les hommes avaient appris, par des observations
réitérées, que l'air était un corps matériel qui, bien
que très-léger, très-fluide et tout à fait invisible,
pouvait opposer une certaine résistance à la direction d'un corps plus dense. On voulut s'assurer de la
force de ce fluide, de sa densité, savoir s'il avait une
pesanteur appréciable, s'il pouvait exercer sur les
corps une pression. On avait bien sur tous ces points
des idées vagues, des présomptions plus ou moins
fondées, mais pour obtenir des notions positives il
fallait le secours de l'expérience, et l'on sentait qu'en
pareille matière l'expérience ne pouvait s'acquérir
qu'à l'aide d'instruments capables d'engendrer la
certitude morale ou du moins de très-fortes probabilités. Ce n'est que vers le milieu du xviie siècle que
l'idée d'un instrument de ce genre s'est manifestée;
la circonstance qui la fit naître aurait passé inaperçue

devant des hommes ordinaires et peu réfléchis; mais Torricelli la saisit, et l'idée du baromètre apparut soudain à son esprit. Les fontainiers du duc de Florence faisaient l'essai de pompes aspirantes, et ces essais échouaient parce que les tuyaux excédaient en longueur 32 pieds. L'eau montait bien jusqu'à cette hauteur, mais, quelques procédés qu'on employât, elle ne franchit pas cette limite. On croyait alors que la *nature avait horreur du vide*, c'est-à-dire qu'il ne pouvait y avoir du vide dans la nature, et que c'était par l'effet de cette horreur du vide que l'eau montait dans la pompe quand on en avait extrait l'air en pompant. Les fontainiers allèrent trouver Galilée, qui avait déjà modéré la pesanteur de l'eau, et ils le prièrent de leur dire pourquoi l'eau ne montait dans la pompe que de 32 pieds. Galilée, pris à l'improviste, donna une mauvaise raison, qui fut loin de convaincre son élève Torricelli, qui se trouvait présent.

Son maître avait démontré la pesanteur de l'air; il conclut de cette démonstration et du fait rapporté par les fontainiers, que l'air n'était pas seulement pesant, mais qu'il exerçait encore sur les corps une pression proportionnée à son poids; que cela étant, l'eau ne pouvait monter dans le tube que jusqu'au point où elle se trouvait en équilibre avec le poids de l'air extérieur. De cette première pensée il arriva à cet autre principe, que si, au lieu d'eau, on employait un autre liquide plus ou moins pesant, il monterait moins ou plus dans le tube; que l'esprit-de-vin, plus léger que l'eau, monterait davantage ; que le mercure, beaucoup plus lourd, monterait beaucoup moins. L'expérience confirma cette théorie. Il se servit de mercure, qui, pesant près de quatorze fois plus que l'eau, devait monter quatorze fois moins qu'elle. Il prit donc un tube de verre long de 32 à 35 pouces, hermétiquement fermé par un bout, ouvert par l'autre. Il le remplit de mercure, et plaçant le doigt sur l'extrémité ouverte, il le renversa dans une capsule pleine de la même substance, ayant soin de ne retirer le doigt qu'après l'immersion. Ce qu'il avait prévu arriva : le mercure se soutint dans le tube à 28 pouces de hauteur, d'où il conclut que la colonne d'air extérieure équivalait en poids à une colonne de mercure de 28 pouces ou à une colonne d'eau de 32 pieds.

Torricelli mourut en 1647, trois ans après sa découverte qu'il n'eut pas le temps de rendre féconde en résultats utiles pour la science. Il était réservé à Pascal de tirer de la théorie génératrice de Torricelli tout ce qu'elle pouvait produire ; et, dédaignant de répondre autrement que par des faits concluants à la doctrine assez ridicule de *l'horreur du vide*, il inventa le baromètre et en indiqua d'avance tous les usages. Il avait fait sur plusieurs liqueurs la même expérience que Torricelli avait faite sur le mercure, et il en était résulté que l'ascension des liqueurs dans les tubes était toujours proportionnée à leur densité ; et que l'ascension du mercure à 28 pouces devait être regardée comme un simple produit de la

règle générale. Il lui avait été permis dès lors d'an-
noncer que si le poids de l'air n'était pas toujours le
même, le baromètre en annoncerait les variations ;
que plus on s'élèverait au-dessus du niveau de la
mer, plus le mercure descendrait, parce que la hauteur de la colonne d'air diminuerait et que l'air plus
raréfié serait moins pesant. Il vérifia lui-même la
justesse de ses théories, en montant avec un baromètre sur la tour Saint-Jacques de la Boucherie,
tour encore existante au milieu de Paris, et il trouva
que le mercure était descendu de quelques lignes ;
il écrivit ensuite à son beau-frère M. Perrier, qui
demeurait à Clermont en Auvergne, le priant de
monter avec un baromètre sur le Puy-de-Dôme, et
d'observer toutes les variations du mercure ; il fut
avéré qu'à mesure qu'on montait, le mercure bais-
sait, et qu'à la hauteur de 500 toises il y avait une
diminution de 3 pouces dans la colonne de mercure
du tube.

Une difficulté sérieuse s'éleva entre les savants.
Les uns, partant de la supposition que l'atmosphère
est d'une égale densité dans toute sa hauteur,
disaient que si 3 pouces de hauteur de la colonne de
mercure équivalaient à une colonne d'air de 500 toises, 27 pouces (ou 9 fois 3), équivaudraient à 4,500
toises (ou 9 fois 500). Les autres soutenaient que
ce calcul était faux, parce que l'air devenait proportionnellement moins dense et par conséquent moins
pesant à mesure qu'on s'élevait. Ces derniers avaient
raison ; mais comme il ne nous est pas possible de

déterminer la hauteur précise de l'atmosphère, ni la diminution progressive de densité que l'air éprouve dans les hautes régions, il s'ensuit que si le baromètre constate très-bien la hauteur à laquelle l'homme peut s'élever, il ne suffit pas pour mesurer la hauteur de l'atmosphère. Toutes les formules qu'on a adoptées ne conduisent qu'à des probabilités ; rien de positif dans les tables qu'on a faites pour tenir compte des circonstances de latitude, de température, de densité, et tout cela sans doute est très-ingénieux ; mais le problème n'est pas résolu.

Le baromètre, considéré sous le rapport d'instrument propre à manifester les variations du poids de l'atmosphère, est sujet lui-même à des variations qu'il est essentiel de connaître pour arriver à des résultats certains. Dans les régions équinoxiales, il éprouve des variations diverses ; à neuf heures du matin et à onze heures du soir, il est à son maximum ; il atteint son minimum à quatre heures du soir et à quatre heures et demie du matin. Sous la zone tempérée, ces variations sont couvertes par d'autres variations qui tiennent à celles de l'atmosphère ou à des causes locales. D'où viennent ces variations diverses ? c'est ce que tout le monde ignore ; on en présume les causes, mais on ne connaît que très-imparfaitement la liaison qui existe, entre les causes et les effets. Beaucoup de conséquences qu'on avait déduites de la hauteur du mercure dans le baromètre pour indiquer l'état de l'atmosphère, ont été démenties par l'expérience.

Tout ce qu'on peut dire de moins incertain aujour-
d'hui, c'est qu'avec le temps serein, le baromètre
monte, et que la pluie, l'orage, le vent surtout, le
font baisser sensiblement. Encore toutes ces indications ne sont que probables. La véritable fonction du
baromètre est de nous montrer la pesanteur de l'air;
et en cela, si le baromètre est bien fait, il nous
indique ce qui est réellement. C'est nous qui, par
induction, avons cherché à prédire le temps qu'il
doit faire. Par exemple, de cette circonstance que
le mercure monte quand le temps est serein, nous
avons inféré qu'il ferait beau, quand nous avons vu
monter le mercure; mais nos inductions peuvent
nous tromper; d'ailleurs, une variation subite de
l'atmosphère peut produire un changement tel, que
l'induction se trouve complétement fausse; et ce
n'est pas la faute du baromètre.

On a cherché de bonne heure les moyens de rendre
le baromètre plus commode ou plus facile à observer,
moins dispendieux ou plus aisé à transporter d'un
lieu à un autre. On a fait des baromètres recourbés,
des baromètres à syphon, des baromètres en équerre,
à cadran, à rouages. Gay-Lussac, Deluc, Descartes,
Magellan, les frères Morland, Huyghens, Farenheit,
ont construit des baromètres à formes nouvelles, ou
amélioré des baromètres déjà existants; mais dans
les uns, il y a complication de machines qui peuvent
subir de fréquents dérangements; dans les autres
on n'a pu ni éviter les frottements occasionnés par
le jeu des machines, ni empêcher l'effet de la capil-

larité des tubes. En résultat, il est reconnu que les baromètres les plus simples dans leur construction sont toujours les meilleurs, parce que leurs indications sont les moins incertaines.

MACHINE ÉLECTRIQUE. — PARATONNERRE.

Ce n'est pas ici le lieu de rechercher la nature de l'électricité, ni la cause des effets que produit la matière électrique ; nous devons nous borner à constater la marche de l'industrie en ce qui concerne l'électricité, et ce qu'elle a fait pour contribuer aux progrès de la science.

On avait depuis quelque temps deviné plutôt que constaté l'existence d'un fluide qui avait la propriété de rendre certains corps capables de produire des étincelles ou des gerbes lumineuses, de causer aux animaux qui les touchent, ou même qui en approchent de trop près, de vives commotions, d'enflammer les spiritueux et les combustibles légers, de communiquer leur vertu à d'autres corps, etc. On avait pareillement reconnu que ces propriétés se donnaient aux corps qui ne les avaient pas, mais qu'on en croyait susceptibles par le frottement ou par communication : le frottement s'opérait communément avec la main, quelquefois avec des substances animales ou métalliques ; la communication avait lieu par le rapprochement d'un corps électrisé et d'un corps qui ne l'était pas.

Les premiers, c'est-à-dire ceux qui s'électrisent

par frottement, comme le verre, le soufre, la résine, la soie, etc., ont été appelés dans la suite idio-
électriques. Les autres, tels que les métaux, les
corps humides, l'homme, etc., ne s'électrisant que
par communication, ont reçu le nom d'an-électriques.

On avait d'abord pensé qu'il n'y avait qu'un petit
nombre de corps électriques par eux-mêmes ou par
communication; mais lorsqu'on eut acquis la certitude que le nombre de ces corps était illimité, ou
pour mieux dire que tous les corps pouvaient s'électriser, on sentit l'insuffisance des moyens employés
jusque-là pour développer l'électricité, et l'on tâcha
d'inventer des machines plus efficaces que le simple
frottement de la main.

Mais par combien d'essais a-t-on passé, avant d'en
venir à la machine électrique actuelle, au moyen de
laquelle on électrise par frottement un corps idio-
électrique, désigné par le nom de conducteur, afin
d'électriser ensuite par communication des corps
an-électriques!

On avait commencé par de simples tubes de verre
qu'on échauffait en les frottant avec la main. On se
servit ensuite de bâtons de cire d'Espagne et de
soufre. Plus tard on eut un globe de verre qu'on
faisait tourner par le mouvement d'une roue à manivelle, à peu près comme la meule d'un rémouleur,
et devant lequel on présentait, suspendue par des
cordons de soie, une longue barre de fer qui servait
de conducteur.

Le fameux Franklin, conjecturant que la matière

du tonnerre était la même que celle de l'électricité,
voulut savoir à quoi s'en tenir ; et dans un temps
d'orage, il plaça perpendiculairement une barre de
fer, attendit que les nuages eussent passé par-dessus,
et il en tira des étincelles; plusieurs corps an-électriques, mis auprès de cette barre, s'électrisèrent
par communication. Il fit cette expérience à Philadelphie (voir l'article suivant), et au commencement
de 1752, plusieurs physiciens français la répétèrent
en France.

La machine dont on se sert aujourd'hui, beaucoup
plus commode et d'un plus grand effet, est d'invention anglaise. C'est un grand tube de cuivre placé
sur deux pieds de verre, et terminé à chaque extrémité par une grosse boule du même métal. De l'une
de ces boules sortent deux petites branches re-
courbées en demi-lune, terminées chacune par une
petite boule qui porte elle-même une pointe très-
déliée. Devant ces deux branches s'élève un appareil composé de deux montants, entre lesquels
tourne un grand plateau de verre ou de cristal blanc,
de forme circulaire, par le moyen d'une manivelle
fixée à l'une des extrémités de l'axe qui traverse les
deux montants et le plateau. Les montants sont
garnis intérieurement de deux petits coussins de
cuir rembourrés de crin, et assez rapprochés pour
que le plateau en tournant reçoive le frottement
convenable.

Ce plateau, mis en mouvement, excite le fluide
électrique qui, attiré et reçu par les pointes du con-

ducteur, s'y réunit en grande quantité. On reconnaît que le conducteur est suffisamment chargé, lorsqu'en approchant de lui un corps an-électrique, ou fait jaillir du point de contact une vive étincelle.

Cette machine produit deux sortes de phénomènes. Des corps légers exposés à l'action du fluide éprouvent alternativement un mouvement marqué d'attraction et de répulsion. Les commotions, les pétillements, l'inflammation, l'apparition des aigrettes lumineuses, forment la seconde classe de phénomènes. Un corps quelconque an-électrique, un animal, un homme, une chaîne d'hommes se tenant par la main, et dont le premier communique avec le conducteur par une chaîne ou un simple cordon mouillé, reçoivent tous la commotion électrique quand on fait jaillir l'étincelle du conducteur.

Une pointe déliée de métal ou de matière an-électrique, présentée au corps électrisé, soutire l'électricité que ce dernier renferme; et si elle ne la fait pas tout à fait disparaître, elle la diminue au moins très-sensiblement. C'est sur cette propriété des pointes qu'est fondé tout le mécanisme des paratonnerres. On sait que le paratonnerre n'est autre chose qu'une verge de métal pointue placée sur le faîte d'un bâtiment et communiquant avec la terre ou avec l'eau au moyen d'une chaîne ou d'un fil de métal. Cette propriété des pointes pour soutirer l'électricité est très-réelle; mais la cause en est inconnue. Tous les raisonnements, tous les systèmes de Nollet, de Franklin, d'Apinus ne reposent que sur des hypothèses, souvent démenties par les faits. Une observation singulière et bien importante, c'est que presque toujours plusieurs pointes détruisent réciproquement leur efficacité, de sorte que, pour obtenir des résultats certains, on doit n'employer qu'une seule pointe, et que, sur les édifices qui, à raison de leur étendue, doivent être munis de plusieurs paratonnerres, il faut prendre la précaution de les placer à une distance assez grande l'un de l'autre.

CERF-VOLANT ÉLECTRIQUE.

Nous avons dit dans l'article précédent que Franklin, soupçonnant l'identité de la matière électrique avec celle du tonnerre, avait fait, à Philadelphie, diverses expériences qui l'avaient convaincu que ses présomptions étaient fondées. L'année suivante (10 mai 1752), se trouvant à Paris, il répéta ses expériences, qui eurent le même succès; mais afin d'obtenir de plus grands effets, après avoir parfaitement isolé son conducteur, voulant toutefois le faire communiquer avec le nuage orageux d'aussi près que cela était possible, il imagina de lancer vers le nuage orageux un cerf-volant dont la corde tenait par un bout au conducteur, et ce conducteur, électrisé par ce moyen, donna de très-fortes étincelles.

Peu de temps après, M. de Romas répéta cette expérience, et, s'il faut l'en croire, il obtint des résultats presque incroyables. Son conducteur, dit-il, lui fournit des étincelles, ou, pour mieux dire, des langues de feu de 9 à 10 pieds de long. Il est vrai que, voulant se garantir des effets possibles de ces terribles étincelles, il s'était muni, pour le présenter au conducteur, d'un tube de verre, long de 4 pieds, garni à l'extrémité d'une virole de métal à laquelle était suspendue une chaîne traînant jusqu'à terre; moyen ingénieux sans doute de s'isoler et de s'abriter contre le fluide électrique qui, conduit par la chaîne, devait s'aller perdre dans la terre, réservoir commun de toute la matière électrique. Mais cela même nous rend un peu suspecte la véracité de l'écrivain, qui probablement a beaucoup exagéré. Comment, avant d'avoir fait l'expérience qui n'avait donné à Franklin que des étincelles ordinaires, pouvait-il prévoir qu'il obtiendrait, lui, des étincelles de 9 à 10 pieds? Dans quelles circonstances particulières se trouvait-il, plus favorables au succès de ses expériences, que celles où Franklin lui-même s'était trouvé? Il aurait dû nous l'apprendre, et il ne l'a point fait. Au fond, ces expériences prouvent très-bien qu'il y a identité entre le fluide électrique et la matière du tonnerre; chose dont, au surplus, nul physicien ne doute aujourd'hui.

PILE DE VOLTA.

Galvani dut au hasard la connaissance d'un fait qui, par ses conséquences, est devenu la source d'une théorie nouvelle d'électricité. Il avait placé sans dessein particulier deux lames de métal de nature différente entre les muscles et les nerfs d'une grenouille, et il vit aussitôt cette grenouille, bien que morte, éprouver des mouvements convulsifs. Volta, informé de ce fait, en conclut que l'électricité seule causait ce mouvement, et qu'elle se développait d'elle-même par le contact de deux métaux différents. Plein de cette idée, il prit des plaques rondes de cuivre et des plaques de zinc qu'il empila en les plaçant les unes sur les autres; des morceaux de drap mouillé séparaient seulement les deux premières plaques des deux suivantes, et ainsi de suite; il composa ainsi une espèce de colonne formée alternativement de rondelles de cuivre, de zinc et de drap. A chacune des deux extrémités de la pile ou colonne, il attacha un fil de métal.

Cet instrument, dont la composition est si simple et qui s'électrise de lui-même, est d'une puissance qu'on aurait de la peine à concevoir, si on n'en voyait soi-même les effets; et ce qu'il y a d'extraordinaire, c'est que le fluide électrique y afflue toujours et qu'il ne s'épuise point par les étincelles qu'on en fait jaillir. Pour recevoir la commotion, il suffit de toucher en même temps les deux fils, et cette commotion est très-violente. Cela doit être; car si ces deux fils se rencontrent, ils se brûlent mutuellement et finissent par se fondre et se vaporiser, ce qui montre jusqu'à quel point le fluide s'y accumule. Deux charbons, placés au bout de ces fils, deviennent de brillants phosphores.

La découverte de Volta est de l'an 1800, et elle

lui valut l'honneur d'être couronné par l'Institut, sous les yeux de Bonaparte, alors premier consul; mais ce fut le célèbre chimiste Davy qui tira de la pile les fondements d'une théorie nouvelle. Il divisa toutes les substances en *électro-positives* et en *électro-négatives*, parce qu'il résulta de ses expériences que l'électricité elle-même se divise en positive et en négative. Cette découverte le conduisit, par d'autres découvertes, à des résultats non moins importants. Suivant la théorie de Lavoisier, adoptée par tous les chimistes de l'Europe, l'oxygène était regardé comme seul agent de la combustion et principe général des acides. Davy découvrit que l'hydrogène pouvait, comme l'oxygène, produire les acides, et il trouva bientôt après le *chlore*, qui possède, comme l'oxygène, la faculté comburente.

Si Galvani n'avait pas remarqué dans sa grenouille les convulsions que vraisemblablement il ne cherchait pas à produire, Volta n'aurait pas imaginé sa pile, et Davy ne serait pas arrivé par elle aux grands résultats dont la science lui est redevable.

BATTERIES ÉLECTRIQUES.

On appelle ainsi la réunion d'un certain nombre de bocaux de porcelaine, garnis chacun comme les bouteilles de Leyde ou piles de Volta, enfermés dans une même boîte, de manière que toutes les garnitures extérieures communiquent avec le fond de la boîte, et, par conséquent, entre elles. Quant aux

garnitures intérieures, elles communiquent de même
par les boutons qui les terminent et se réunissent en
un ; de sorte qu'une batterie de quatre, de neuf, de
seize ou d'un plus grand nombre de bocaux, agit
comme s'il n'y en avait qu'un seul. Au reste, dans la
pratique, on préfère les batteries de quatre, parce
qu'elles sont moins sujettes à divers inconvénients.
Quand les bocaux sont chargés, on a besoin de
beaucoup de précaution, pour ne pas s'exposer à
recevoir l'étincelle, car elle est très-dangereuse ; elle
tue les animaux, et elle pourrait bien tuer aussi l'o-
pérateur imprudent. On a remarqué, et c'est un
phénomène bien extraordinaire, que les insectes,
les chenilles par exemple, ne souffrent nullement
des plus fortes décharges.

Un autre phénomène, non encore expliqué et qui
probablement ne le sera jamais, c'est la propriété
qu'a le fluide électrique de transporter d'un lieu dans
un autre des particules du métal sur lequel il agit.
On a placé un disque d'argent entre une boule d'or
et une boule d'argent à égale distance, communiquant avec la batterie ; après la décharge, la plaque
d'argent se trouve tachée d'or des deux côtés, comme
si des particules d'or l'avaient traversée. L'étincelle
développe une très-grande chaleur, car elle rougit,
brûle, oxyde ou fond les métaux, si la charge de la
batterie a été proportionnée aux dimensions du fil
métallique. Une feuille d'étain se volatilise, et la vapeur oxydée forme des filaments semblables à des
toiles d'araignée ; une feuille d'or se volatilise et

s'oxyde de même ; un fil de soie doré perd l'or qui le recouvre et reste intact. L'étincelle ne produit pas seulement commotion et chaleur, elle donne encore de la lumière ; car si l'on tire quelques étincelles auprès de la pierre de Bologne, ou sulfate de baryte, naturelle ou artificielle, on la rend lumineuse ou phosphorescente. D'autres substances, telles que le sucre, la craie, acquièrent cette phosphorescence si elles sont traversées par l'étincelle.

BATTERIES FLOTTANTES.

Tous les arts ont fait des progrès ; celui de tuer le plus d'hommes possible, de détruire et de ruiner, en a fait aussi. On réunit donc dix, quinze, vingt pièces d'artillerie, afin que tout leur effet dirigé contre un seul point soit plus terrible et plus prompt.

On a souvent établi des batteries flottantes ; c'est lorsqu'on a voulu canonner ou bombarder des places maritimes, ou situées sur le bord d'un grand fleuve, ou au milieu d'un terrain inondé ; on les établit sur des radeaux ou sur des bateaux. Ces derniers offrent plus de facilité pour la manœuvre ; mais en général on préfère les radeaux, parce qu'on peut en construire partout, qu'ils tirent moins d'eau et qu'ils peuvent aller sur des bas-fonds inaccessibles aux bateaux. Quelques poutres de sapin goudronnées, recouvertes d'un plancher en madriers, forment un radeau suffisant pour plusieurs pièces.

De toutes les batteries flottantes qu'on a construites,

ou dont il soit fait mention dans l'histoire militaire, il n'en est pas dont on ait plus parlé que de celles qui furent employées au siége de Gibraltar, en 1782. Elles étaient placées sur dix vaisseaux, dont cinq à deux ponts, et cinq à un seul pont. Les pièces étaient couvertes d'un blindage incliné, formé de trois assises de poutrelles de chêne. Un autre blindage en sens contraire couvrait une partie des bâtiments. Trois couches de sacs à laine garantissaient tout le reste. Les blindages étaient recouverts d'un lit de vieux câbles, des conduits disposés d'avance devaient porter l'eau partout où tomberait un boulet rouge. Le succès de ces batteries n'eût pas été douteux, si l'inventeur avait été secondé; c'était le chevalier d'Arçon, qui, longtemps après, ne pouvait retenir ses larmes, lorsqu'il se rappelait la coupable négligence du général en chef. Non-seulement il n'avait été soutenu ni par l'armée de terre ni par la flotte; mais encore on l'avait laissé manquer des choses les plus nécessaires. Aussi, après treize heures de combat et d'efforts inutiles, il fallut se retirer en désordre. Les batteries furent brûlées, les Français eux-mêmes y mirent le feu, pour qu'elles ne tombassent pas au pouvoir des Anglais.

Les Américains ont construit, sur les plans de Fulton, des batteries flottantes à vapeur. Ces batteries sont mises en mouvement par une pompe à feu dont la roue est cachée; elles n'ont d'ailleurs ni mâts ni voiles, de sorte que l'ennemi ne peut entraver leur marche. Toutefois la chaleur produite par la pompe à feu n'a pas permis que cette invention eût tout le succès qu'on devait en attendre. On a dû placer la pompe sur un autre navire, et traîner la batterie à la remorque, ce qui ne rend pas la manœuvre facile.

ATMIDOMÈTRE OU ATMOMÈTRE.

C'est un instrument qui sert à mesurer l'évaporation, c'est-à-dire la quantité de liquide qui, dans un temps donné, passe à l'état de vapeur. Le docteur Leslie, partant du principe que tous les liquides, depuis l'éther jusqu'au mercure, se résolvent en vapeur, si on les laisse durant un temps suffisant dans des vases découverts, exposés à une température constante, a imaginé de fabriquer un instrument qui donnât la mesure de l'évaporation. Cet instrument est fort simple; c'est un tube divisé en parties égales, qu'on emplit du liquide qu'on veut mesurer. Il est bien évident que si dans l'espace de 24 heures le liquide a baissé d'une demi-ligne, dans quatre jours il aura baissé de deux lignes, en supposant toutefois que la température soit restée égale.

La principale fonction de l'atmomètre est de mesurer la densité des vapeurs. MM. Guy-Lussac et Dumas ont changé la forme de cet instrument, pour le rendre plus propre à remplir cette destination nouvelle.

MARMITE AUTOCLAVE.

L'industrie exerce son action dans tous les sens. Partout où il y a amélioration praticable, on est sûr de la rencontrer; elle ne dédaigne pas même de descendre aux plus petits détails. On a construit des cheminées prussiennes, des cheminées françaises, des poêles de toute sorte, des calorifères, etc. Il s'agissait de nous donner plus de chaleur en usant beaucoup moins de bois; ce double motif était fait pour séduire ceux qui voulaient économie et bon feu; toutes ces inventions ont réussi. Alors les inventeurs sont descendus du salon dans la cuisine, et là ils ont vu l'humble pot-au-feu de nos pères. Aussitôt ils nous ont dit: « Nous allons vous donner une marmite autoclave; vos aliments cuiront mieux et plus vite, et vous n'aurez besoin de bois ou de charbon que pour *deux sous!* Achetez donc notre marmite autoclave. » Nom barbare et à prétention, qui prouve que ces messieurs savaient que *autos* en grec, et *clavis* en latin, signifient, le premier, *soi-même*, et le second, *clef;* ce qui veut dire à peu près, *marmite qui se ferme d'elle-même.*

Le mécanisme de cette marmite consiste en ce que le couvercle, renfermé dans l'intérieur et poussé en dehors par la force expansive de la vapeur du liquide, ferme exactement l'ouverture, de sorte que la vapeur n'a point d'issue, si ce n'est par de très-petits trous pratiqués au couvercle. C'est la marmite

3*

de Papin appliquée aux usages domestiques, mais moins solide. Pour obvier au danger des explosions, on a ajouté aux petits trous du couvercle des soupapes de sûreté pour laisser échapper la vapeur surabondante, ce qui n'a pas toujours suffi pour éviter les accidents. Ces machines offrent incontestablement une grande économie de combustibles ; voilà le bon côté ; mais souvent elles se brisent sous l'effort de la vapeur, et peu de gens se soucient d'apprêter leur dîner au péril de leurs jours.

Le danger de l'explosion n'est pas le seul d'ailleurs qui résulte des appareils autoclaves. La température de l'eau s'y élève à un très-haut degré, et son action dissolvante en est augmentée ; mais il n'est pas prouvé que cet excès de chaleur ne détermine point quelque combinaison nuisible dans les substances alimentaires. La matière des marmites ne peut être que le fer ou le cuivre ; et ces deux métaux s'oxydent très-promptement. Si l'oxyde de fer n'est pas regardé comme nuisible à la santé, il n'en est pas de même de celui du cuivre. Il est d'ailleurs fort douteux que, livrés à une cuisson forcée, les aliments acquièrent la même saveur que lorsqu'ils cuisent lentement, à un feu modéré.

On a construit aussi des fourneaux économiques, divisés par étages ou compartiments superposés, où l'on peut faire cuire à la fois plusieurs mets ; les gastronomes prétendent que les aliments cuits de cette manière prennent un mauvais goût ; et cela est très-probable, parce qu'il est presque impossible qu'il ne s'établisse pas de communication entre les divers compartiments, ce qui suffit pour faire prendre aux aliments une saveur qui ne leur est point propre ; et qu'au surplus ils contractent tous le même goût d'étuvée.

La marmite autoclave n'a pas eu beaucoup de succès.

AUTOMATES.

On appelle automate toute machine qui se meut d'elle-même ou porte en elle-même le principe de son mouvement. Plusieurs écrivains, partant de cette définition, ont mis au rang des automates les machines mécaniques qui doivent le mouvement de leurs parties à des ressorts intérieurs, horloges, pendules, montres, etc. ; mais l'usage veut qu'on ne donne ce nom qu'aux machines qui ont la forme de l'homme ou de quelque animal, et qui en imitent les mouvements (1).

Aulu-Gelle, dans ses *Nuits attiques*, fait mention du pigeon d'Archytas, lequel étendait ses ailes, s'élevait en l'air, et faisait, en volant, le tour de l'appartement; mais il a été démontré, par l'inutilité de mille tentatives, qu'il n'est pas possible qu'une machine, mise en mouvement par ses propres ressorts, ait assez de force pour s'élever et se soutenir en l'air. On a dit à peu près du fameux Régiomontanus ce qu'Aulu-Gelle a dit d'Archytas. Régiomontanus

(1) Voyez, à l'article *Arts mécaniques*, deux exemples de machines automates.

avait fait une mouche qui volait autour de la chambre
et venait ensuite se reposer sur sa main. Tout cela
pourrait trouver place dans un Conte arabe ; mais
on ne devrait pas le répéter sérieusement. Quand
un chose a paru merveilleuse, et qu'en effet elle a pu
le paraître à des gens qui ne connaissent pas les
ressources de la mécanique, rien n'empêche l'imagination de franchir toutes les bornes.

Tout Paris a vu le fameux joueur d'échecs qui était
parvenu à battre tous ceux qui avaient voulu se mesurer avec lui. On sait aujourd'hui que tout le mécanisme
consistait en un joueur très-habile enfermé dans un
coffre à double compartiment sur lequel était posé
l'échiquier, et de machines qui, à mesure qu'une
pièce changeait de place, avertissaient le joueur de
ce changement, et lui donnaient ainsi le moyen de
faire mouvoir celle qu'il convenait de jouer. La
mouche de Régiomontanus pouvait bien obéir à
quelque attraction magnétique.

Ce qui paraît assez bien avéré, c'est l'automate
d'Albert le Grand, lequel allait ouvrir la porte de sa
cellule quand un étranger frappait, et saluait la personne qui entrait. L'abbé Mical, Kircher et quelques
autres, avaient construit des automates parlants. On
en cite un qui répondait en latin, en grec et en
hébreu, aux questions qu'on lui adressait dans une
de ces langues, et cela par un mécanisme qui était
probablement le même que celui du joueur d'échecs.
En 1780 et 1783, l'abbé Mical présenta deux têtes
à l'Académie des Sciences ; ces têtes articulaient

quelques syllabes. Vicq-d'Azyr, chargé de faire un rapport sur ces têtes parlantes, tout en rendant justice au talent du mécanicien, convint que l'imitation de la voix humaine était *très-imparfaite*. Il paraît que ces têtes étaient posées sur des boîtes renfermant des glottes artificielles, d'où sortaient des sons plus ou moins graves, quand on agitait les glottes au moyen d'un clavier.

De tous les mécaniciens qui se sont exercés dans ce genre, aucun n'a mérité sa réputation aussi bien que le célèbre Vaucanson. En 1738, il présenta son joueur de flûte à l'Académie dont il était membre; trois ans après, il exposa son joueur de flageolet qui s'accompagnait du tambourin, et son canard qu'on vit imiter parfaitement tous les mouvements de l'animal dont il avait le nom, barbotter dans l'eau, agiter ses ailes, prendre le grain placé devant lui, l'avaler et le digérer. Cette digestion factice avait lieu par le moyen de la trituration, aidée par des agents chimiques qui dissolvaient les matières triturées. Il est à regretter que le génie de Vaucanson et de tous ceux qui l'ont suivi ou précédé dans la même carrière, n'ait pas reçu une direction plus utile. Quels éminents services n'auraient-ils pas rendus aux arts et à la science !

AUTOGRAPHIE.

C'est un procédé par lequel on transporte du papier sur une pierre les traits de sa propre écriture, qu'on multiplie ensuite par l'impression. La première

chose à faire, c'est de préparer le papier sur lequel
on veut écrire, et l'encre dont on doit se servir. La
préparation du papier consiste dans l'application sur
la feuille d'une composition d'amidon, d'alun, de
gomme arabique, et de gomme gutte. Cette dernière
substance ne sert qu'à donner au papier préparé une
légère teinte colorée pour qu'on puisse le distinguer
de l'autre. L'encre a pour base principale la cire, le
suif, le savon, le mastic et le noir de fumée qu'on
délaie avec de l'eau chaude avant de s'en servir. On
peut se procurer le papier et l'encre tout préparés
chez les imprimeurs lithographes. On emploie pour
écrire une plume fort dure, afin qu'elle ne s'émousse
pas facilement. Avant d'écrire, on passe légèrement
sur le papier un peu de sandaraque. Quand l'écriture
est terminée, on mouille légèrement le verso blanc
de la feuille, qu'on pose ensuite sur une pierre à
lithographie, bien nette et un peu chauffée en hiver.
Le côté écrit est en contact avec la pierre. On applique sur l'autre côté plusieurs feuilles de papier à
maculer. La pierre ainsi garnie est soumise à l'action
de la presse. Cela fait, on humecte doucement le
papier et on l'enlève avec soin pour ne pas altérer
l'écriture qui, du papier, a passé sur la pierre, où
on la fixe en l'arrosant d'acide nitrique étendu d'eau.
On finit par étendre par-dessus une couche de gomme. Quand tout cela est terminé, on procède à l'impression comme pour les lithographies. Ce procédé
économique, aujourd'hui très-répandu, sert principalement pour les ouvrages qui ne se tirent qu'à un

petit nombre d'exemplaires ; il offre l'avantage d'une prompte exécution.

PONT DE LIANE, OU BÉJUQUE.

Il croît, dans les forêts de l'Amérique, une plante du genre des lianes ou des rotangs, que les Espagnols appellent *matapalo*, tue-bois, parce que cette liane parasite s'attache aux arbres, les embrasse et les étreint au point de les faire périr en arrêtant la circulation de la séve. Cette liane, dont le nom propre est *béjuque*, grimpe sur les arbres, s'y élève tant qu'elle trouve un appui, et se divise en un nombre infini de liens qui retombent à terre. Là, ils prennent racine, montent de nouveau, redescendent, s'élancent, portés par les vents, sur les arbres voisins, s'y attachent et continuent à l'infini à monter et à descendre. La grosseur des béjuques égale celle du bras d'un homme. Il s'en exhale une forte odeur d'ail. Les sauvages y trouvent un poison dans lequel ils trempent le bout de leurs flèches.

Comme le béjuque est très-flexible et en même temps très-fort, on en fait des cordes dont on se sert dans les travaux de charpente pour lier les pièces de bois. C'est avec ces cordes que les Américains ont jeté des ponts sur de larges rivières, ou entre deux rochers séparés par un profond précipice. Ils commencent par faire des câbles d'une énorme grosseur, en tordant ensemble plusieurs béjuques. Ensuite ils placent parallèlement un certain nombre de ces câbles, suivant la largeur qu'ils veulent donner à leur pont; ils en assujettissent les bouts aux rochers du rivage le plus solidement qu'ils le peuvent, puis ils unissent ces câbles entre eux par d'autres cordes entrelacées en forme de tissu.

« Un pont de cette espèce, dit La Condamine, long quelquefois de 30 toises, a quelque chose d'effrayant au premier coup d'œil. Cependant les Indiens, qui ne sont rien moins qu'intrépides de leur naturel, y passent en courant, et se moquent de la timidité des Européens. »

Le comte Carli, admirateur passionné des Américains, cite ces ponts de béjuque comme l'une des plus belles choses qu'on ait jamais imaginées, et il est certain que c'est beaucoup pour des sauvages; mais on peut, sans reproche, préférer nos beaux ponts de pierre et de marbre à ces ponts sans parapet qui se balancent au moindre mouvement, et dont plus d'une fois les lianes vermoulues se rompent sous les pas du voyageur. Le pont d'Apourimac sur la route de Cuzco et celui de Vauca avaient pour parapet une forte claie; ils étaient moins dangereux; les hommes et les animaux y passaient en sûreté.

On attribue l'invention de ces ponts à l'inca Mayta-Capac. Celui d'Apourimac fut le premier construit; on prétend qu'il subsiste encore, de même que celui qui fut fait sur le canal de décharge du lac Titicaca. Au temps d'Ulloa, c'est-à-dire dans la moitié du XVIIIe siècle, tout le commerce du Pérou se faisait par le pont d'Apourimac.

Les Américains avaient une autre manière de traverser les fleuves ou les précipices. Ils attachaient par les deux extrémités sur les deux rives une très-grosse corde de lianes à laquelle ils suspendaient par ses anses une espèce de grande corbeille de cuir. Au moyen d'une seconde corde attachée à la corbeille, ils la faisaient glisser tout le long du câble, en avant ou en arrière, suivant la route du voyageur. Ce procédé est commun à quelques peuplades de l'Afrique ; seulement les Africains emploient des paniers d'osier.

CONSTRUCTIONS DES AMÉRICAINS.

Il ne faut pas chercher dans les constructions des anciens peuples de l'Amérique la régularité, l'élégance et la majesté des édifices des Grecs et des Romains. C'est chez les premiers l'industrie naissante ; il y a absence de génie et de goût, mais on voit qu'il a fallu aux constructeurs une patience infinie. Il existe à Latacuaga, bourgade du Pérou, les restes d'un édifice dont les murs sont de pierres noirâtres, très-dures, superposées les unes aux autres sans aucune espèce de ciment, et néanmoins si bien jointes qu'il n'y a pas entre elles le moindre interstice. Ce qui rend cet ouvrage plus remarquable, c'est que toutes les pierres sont de formes et de dimensions très-inégales ; les unes rondes, les autres oblongues, carrées, triangulaires, etc. ; et toutes ces pierres s'accommodent mutuellement aux saillies de leurs faces, de manière à s'emboîter, pour ainsi dire, les unes dans les autres.

Pour les constructions en adobes (brique non cuite), ils trempaient les briques, avant de les poser, dans la même terre dont elles étaient faites, ce qui leur tenait lieu de ciment. Les traces de ce procédé existent dans les ruines du temple de Cayembé.

Les Américains du nord étaient bien moins avancés que ceux de l'Amérique centrale. Ils n'élevaient ni édifices, ni temples ; mais ils construisaient des forteresses, parce qu'ils étaient toujours en guerre les uns contre les autres. Auprès de Pittsbourg, non loin de la rivière d'Allegany, on remarque une enceinte circulaire de cent pieds de diamètre, formée par un mur de terre qui conserve encore trois à quatre pieds de hauteur. Un peu plus loin, et sur une hauteur, est le camp indien composé d'une première enceinte de sept pieds ; dans l'intérieur est une seconde enceinte à cinq faces, dont le mur n'a que quatre pieds ; les angles du pentagone ne sont éloignés que de trois pieds du premier rempart extérieur. Au milieu de la seconde enceinte s'élève une butte de trente pieds de haut. Le plan de cette forteresse était grossièrement dessiné sur une pierre qu'on a trouvée dans le donjon. Les murs de tous ces retranchements n'excèdent jamais la hauteur de neuf pieds ; mais ils en ont quelquefois jusqu'à trente d'épaisseur.

On a découvert au commencement de ce siècle,

dans le Massachussets, sur les bords du lac Mérimac, une nécropolis américaine. Ce qu'on y a remarqué de plus extraordinaire, c'est que toutes les tombes n'ont qu'une longueur de quatre pieds, et que les squelettes qu'elles renferment sont de la même taille.

Quant au reste de constructions architecturales qu'on a découvertes vers la fin du siècle passé à Palenqui, et en d'autres lieux de l'Amérique centrale, on ne sait absolument à qui les attribuer. Il y a si loin de ces ruines aux constructions des Mexicains et des Péruviens du temps de la conquête, qu'on ne saurait croire que ces anciens ouvrages sont dus aux ancêtres de ces mêmes peuples, ou ils avaient bien dégénéré.

RUINES DE MYCÈNES.

Les ruines de Mycènes, cette ville où Homère a placé la demeure du roi des rois de la Grèce, s'aperçoivent encore sur une montagne qui domine la plaine d'Argos, non loin d'une caverne qu'on signale au voyageur comme ayant jadis servi de retraite au lion de Némée. La montagne était entourée à sa base d'une forte muraille composée de blocs de pierre assez irréguliers, placés les uns sur les autres sans aucun ciment. Cette muraille, dont il existe encore des restes, fut, suivant Pausanias, l'ouvrage des Cyclopes. On entrait dans l'enceinte par la *Porte des Lions*, encore debout, bien qu'encombrée de débris jusqu'aux deux tiers. Suivant l'usage de ce temps, les jambages de la porte sont inclinés par le haut l'un vers l'autre, de sorte que la porte avait sa plus grande largeur dans le bas. La pierre qui sert de couronnement, large de 14 pieds, en a 7 à 8 de hauteur. On y voit un bas-relief qui représente une colonne d'ordre dorique, sur les côtés de laquelle sont sculptés deux lions dont on a abattu la tête. Ils sont placés de profil, à peu près comme les animaux qui, dans les armoiries, supportent les écussons. La porte des Lions est en face de Corinthe.

Une galerie à demi souterraine, et qui se rétrécit par le fond, sert d'avenue à un monument subsistant en partie, désigné par les uns comme un temple, par les autres comme le tombeau d'Agamemnon. Le monument a 60 pieds de diamètre et tout autant de hauteur. La pierre qui forme le linteau de la porte est un bloc énorme de 30 pieds de long, sur 15 de hauteur et 5 de largeur. Une porte pratiquée à droite, dans l'intérieur même de la voûte, sert d'entrée à une petite pièce d'environ 8 pieds, toute taillée dans le roc, de même que le bâtiment tout entier. On a laissé subsister la partie supérieure de la montagne au-dessus de la voûte. Sa hauteur est de 25 à 30 pieds. On remarque dans l'intérieur de la petite pièce, tant sur les murs qu'à la voûte, de grands clous de bronze très-solidement fixés. D'après un passage de Pausanias, où il est dit que parmi les ruines de Mycènes on voit des chambres souterraines où Atrée et ses enfants renfermaient leurs trésors, on peut présumer que ce monument n'est rien moins que le tombeau d'Agamemnon, comme on l'a dit sans preuve.

Sur la voûte de ce monument, coulent les eaux fraîches et pures d'une fontaine que Persée, dit le même écrivain, fit jaillir en arrachant un champignon, *mycès* en grec. Il est probable que c'est à quelque tradition fabuleuse de ce genre que la ville avait dû son nom.

LE PONT D'ALCANTARA.

C'est un des plus beaux monuments de ce genre qui existent en Espagne et même en Europe. Des inscriptions qu'on y lit encore annoncent qu'il fut construit sous le règne de Trajan. Il a 670 pieds de long sur 28 de large. Sa hauteur au-dessus de l'eau, mesurée aux deux arches du milieu, est de 207 pieds. Il est tout construit en dalles de pierres carrées, épaisses de 2 pieds, et de 4 pieds de côté. On avait placé sur ce pont quatre tables de marbre, sur lesquelles étaient inscrits les noms de tous les peuples qui avaient contribué aux dépenses de la construction.

On voit à l'entrée du pont un petit temple, creusé dans la roche vive. Deux larges blocs de pierre en forment le toit. Une inscription gravée sur le mur nomme l'architecte Lacer ; mais rien n'indique à quelle divinité le temple était consacré.

CATHÉDRALE DE TOLÈDE.

C'est une des plus magnifiques églises de l'Espagne. Au dehors, ses hautes tours et ses superbes
portes d'airain étonnent le voyageur, qui bientôt
après trouve dans l'intérieur beaucoup d'autres sujets d'admiration : les sculptures en bois qui ornent
les stalles du chœur, un grand nombre de bas-reliefs de marbre, les peintures du plafond de la
sacristie, et surtout la chapelle des Rois dans laquelle
se trouve le tombeau d'Alphonse VI, qui conquit
cette ville sur les Arabes. On citait, avant les révolutions qui ont agité ce pays, la chapelle *del sagra-
rio* ou du trésor, comme renfermant d'immenses
richesses. Il n'y avait pas de lieu sur la terre, ex-
cepté peut-être l'église de Notre-Dame-de-Lorette,
où la piété des fidèles eût rassemblé plus d'argent,
d'or et de pierreries. Le tabernacle qu'on portait
dans les processions solennelles était en vermeil,
haut de 6 pieds, tout couvert d'ornements de même
métal et enrichi de pierres précieuses. Ce chef-
d'œuvre d'orfèvrerie se composait, dit-on, de 7000
pièces, qu'on ajustait et qu'on fixait avec des vis. Il
fallait trente hommes pour porter ce tabernacle,
qui en renfermait un second en or ; c'était dans
celui-ci qu'on plaçait le soleil tout brillant de rubis,
d'émeraudes et de diamants.

Il serait trop long de décrire tout ce que renfermait cette chapelle ; nous ne parlerons que d'un bas-

relief d'or massif représentant la sainte Vierge au moment où elle fait voir son fils à saint Jean-Baptiste et à saint Joseph. Le rocher sur lequel la Vierge était assise se composait de pierres précieuses, au milieu desquelles brillait un très-gros diamant. Cinq figures en adoration occupent le dessous du bas-relief.

Tolède était autrefois renommée pour ses diverses manufactures, et surtout pour ses lames d'épée et de cimeterre, les meilleures de toute l'Espagne, et rivalisant avec celles de Damas. Elles étaient d'une trempe si forte, qu'elles coupaient le fer sans s'ébrécher. Aussi les vendait-on à un prix excessif. Cette branche d'industrie est bien tombée, et maintenant les lames de Tolède ne valent pas mieux que celles des autres fabriques.

ARMES DES AMÉRICAINS.

Les hommes, dit Sénèque le Tragique, combattirent d'abord les uns contre les autres en n'employant que leurs mains; les pierres et les branches d'arbres furent ensuite converties en armes.

Tum primum manu
Bellare nuda, saxaque et ramos rudes
Vertere in arma....

Horace tient à peu près le même langage. Il ajoute qu'après avoir fait usage des poings et des ongles, puis des bâtons, ils finirent par se servir des armes qu'ils avaient fabriquées. Ces premières armes, qui vinrent après les pierres et les bâtons, furent probablement l'arc et les flèches ; car en tout temps et en tout pays on s'est servi d'arcs et de flèches. Malgré les changements opérés dans les mœurs et dans les usages des Américains , par le contact des Européens , tous ceux qui vivent au delà des établissements de ces derniers , ne connaissent guère que l'arc, tant pour la guerre que pour la chasse et la pêche. L'arc est d'un bois très-dur, mais élastique. La corde est de boyau. Les flèches sont aussi de bois dur, mais d'une autre espèce ; ils en durcissent la pointe au feu ; ils la garnissent même de cailloux très-aigus. Ils ont aussi des lances de 6 ou 7 pieds, du même bois que les flèches. Ils les jettent comme des javelots, avec beaucoup d'adresse, et manquent rarement leur but.

Les anciens Péruviens avaient des haches de cuivre tranchantes d'un côté, terminées en pointe par l'autre. Les incas seuls avaient le droit de s'en servir ; mais ils accordaient le même privilége à leurs principaux officiers, aux membres de leur famille, aux caciques ou chefs de tribus, etc. Il y avait plusieurs sortes de haches : les unes en cuivre, les autres en pierres ; les unes à un seul tranchant, les autres avec une tête étoilée, c'est-à-dire façonnée en étoile à 5 , à 6 pointes , quelquefois un tranchant à la place d'une pointe.

Les peuples du Nord ont des haches semblables à celles des incas ; les Français leur ont donné le nom de casse-tête, ils leur en ont fourni de fer et d'acier, et les Anglais les ont imités. Quelques-unes de ces haches ont leur tranchant arrondi en forme de demi-lune.

Les Péruviens avaient un singulier procédé pour emmancher leurs haches de pierre ; ils fendaient un jeune arbre sur pied, introduisaient leur tête de hache dans la fente, et laissaient ensuite l'arbre croître plusieurs mois, jusqu'à ce que les fibres ligneuses, resserrées, enveloppassent la pierre comme d'un réseau. On coupait alors l'arbre au pied et au-dessus de la fente, et on avait une hache très-solidement emmanchée.

Les Indiens de la Jamaïque, outre l'arc et les flèches, avaient de lourdes massues. Ceux de Terre-Ferme se montrèrent aux Espagnols avec des boucliers ronds et des sabres d'un bois très-dur, auxquels ils savaient donner un tranchant acéré. Les Caraïbes faisaient avec le bois de palmier des javelines, et surtout des lances ou piques très-longues. Pour s'animer au combat, ils avaient de grands coquillages marins dont ils tiraient un son semblable à celui de nos cornets à bouquin.

Les Mexicains portaient autour de la ceinture une espèce de saie de coton piqué d'un demi-pouce d'épaisseur ; les principaux d'entre eux ajoutaient à ce vêtement défensif des lames d'or et d'argent. Ils mettaient par-dessus une tunique garnie de plumes, et se couvraient la tête d'un casque de bois. Leurs boucliers étaient de roseaux entrelacés, attachés avec des fils de coton ; une plaque de métal recouvrait la partie antérieure; plus tard ils eurent des boucliers de cuir.

Le capitaine Grijalva, qui apporta en Espagne beaucoup d'objets qu'il avait recueillis sur la côte du Mexique, avait dans sa collection des couteaux de pierre qui, à ce qu'il prétend, coupaient comme des rasoirs (ce qui sans doute est fort exagéré), et des épées de bois garnies d'un filet de pierre tranchante. Dans plusieurs lieux de l'Amérique centrale les naturels se servaient de sarbacanes, avec lesquelles, au moyen du souffle, ils lançaient à une grande distance de petites flèches très pointues et d'autant plus dangereuses qu'elles étaient presque toujours empoisonnées. Montezuma avait donné à Cortez cinq de ces tubes, ornés d'or et peints de couleurs très-vives.

RUINES DE PALMYRE.

La Grèce et l'Égypte sont les terres classiques des belles ruines, restes vivants de cette magnifique architecture qui charme par l'élégance et la beauté de ses formes, et dont la majesté, la noblesse et l'étendue frappent l'esprit d'une admiration respectueuse. Il y aurait donc pour nous une ample moisson à recueillir des faits sur lesquels s'établirait l'histoire des progrès de l'industrie appliquée aux beaux-arts; mais ces deux pays ont été si souvent visités et décrits, que nous croyons pouvoir nous abstenir d'en parler, aimant mieux donner à nos lecteurs quelques courtes notices sur d'autres ruines moins connues, mais non moins importantes à connaître.

La ville de Palmyre, dans laquelle plusieurs écrivains croient reconnaître le *Tadmor dans le désert* construit par Salomon, autrefois riche, populeuse et puissante, n'offre plus que de froides ruines à la place de ces palais, de ces temples, de ces édifices, dont l'architecture grecque l'avait libéralement ornée. Au milieu de ces ruines, qui occupent un espace de plusieurs milles, on distingue celles du temple du Soleil. L'enceinte de ce temple était formée par un mur tout construit en larges pierres carrées, orné sur deux faces d'un grand nombre de pilastres. On voit, en entrant dans la cour intérieure, les restes de deux rangs de colonnes d'un très-beau marbre, hautés de 37 pieds, et surmontées de chapiteaux d'un travail fini. Il n'en reste d'entières que cinquante-huit ; mais il doit y en avoir eu un bien plus grand nombre ; car il est facile de juger d'après leur position qu'elles faisaient le tour de la cour et qu'elles supportaient un double portique. L'espace compris entre les deux portiques était en partie occupé par le temple, qu'entourait un riche péristyle. Ce temple avait, du nord au sud, une longueur de 33 mètres ; sa largeur était de 13 ou 14. L'entrée en était magnifique. On y remarque de très-belles sculptures. Au-dessus de la porte sont deux grandes ailes étendues ; mais le corps auquel les ailes appartenaient a été détruit. Du côté du nord il y a un dôme ou coupole de 10 pieds de diamètre, qui paraît avoir été taillé d'un seul bloc de pierre, ou qui a été fabriqué de quelque substance devenue aussi dure que la pierre elle-même. Au delà de ce dôme s'élève un obélisque composé de sept blocs de pierre, le chapiteau non compris. On présume que sur la pointe de cet obélisque il y avait une statue, et que, dans leur faux zèle d'iconoclastes, les Turcs l'ont renversée.

A cent pas environ de l'obélisque est un portique superbe qui, par une longue avenue large de 40 pieds, conduit aux ruines du palais des rois. Cette avenue était formée par un double rang de colonnes, dont le nombre devait être au moins de cinq cent soixante, d'après la distance mesurée entre celles qui restent. Il y a beaucoup d'autres ruines qui s'étendent sur un espace de plusieurs milles ; elles portent l'empreinte du goût égyptien mêlé au goût plus pur des Grecs. Ce sont de toutes parts des colonnes debout ou tristement couchées sur le sable, des débris de temples, des obélisques, etc. Les tombeaux occupent un espace d'environ un mille, bien clos de fortes murailles ; cette nécropole est au nord de la cité. Les tombeaux ont presque tous la forme de tours carrées, hautes de quatre ou cinq étages.

RUINES DE BALBEC.

Le Père Léandre, carme déchaussé, a donné une description détaillée des ruines du château de Balbec, ou tour de Labanon, dont on attribue dans le pays la construction à Salomon. Ces ruines l'emportent, suivant lui, en magnificence sur celles de Palmyre. Balbec, dit-il, à cinquante milles au nord de Damas, est situé au sommet d'une montagne dont une petite rivière baigne le pied. On découvre d'abord deux hautes tours qui paraissent défendre le portique qui sert d'entrée. La partie de ce portique qui fait face au nord-ouest ne se compose que de quatre pierres, mais chacune d'elles a 62 pieds de long sur 13 de hauteur et de largeur. La cinquième pierre, qui devait compléter cette partie, ne paraît pas avoir été placée; les autres sont jointes sans ciment, mais si bien unies qu'on dirait qu'elles ne forment qu'un seul bloc.

On entre, par ce grand portique, dans un vestibule obscur où l'on fait dans les ténèbres une vingtaine de pas; après quoi l'on découvre un rayon de jour fourni par l'ouverture de la porte qui conduit à l'intérieur sous le grand portique; de chaque côté sont des escaliers qui conduisent à d'anciennes prisons souterraines. Ce lieu est très-dangereux, parce que ces souterrains servent de retraites à des bandits qui dépouillent et tuent les voyageurs imprudents qui s'aventurent parmi ces ruines sans être bien accompagnés.

A une cinquantaine de pas, on entre dans une grande cour de forme sphérique, entourée de belles colonnes de granit, presque toutes d'un seul bloc d'environ 4 pieds de diamètre à la base. Ces colonnes, d'ordre ionique, s'élèvent sur des piédestaux de la même pierre, et supportent une sorte de terrasse dont la corniche ou la frise est ornée de figures d'un travail exquis. La plus grande partie de cette colonnade a été détruite.

Ce château s'élève de 500 pieds au-dessus du sol; sa longueur est de 400 pieds. L'extérieur du côté opposé à l'entrée est flanqué de deux hautes tours, semblables à celles du portique; les quatre tours sont liées entre elles par de très-fortes murailles.

A côté de cette forteresse est un temple qui, suivant la tradition locale, servit à Salomon de salle d'audience. La hauteur du toit au-dessus du sol est d'environ 80 pieds. On y voit une grande quantité de bas-reliefs; mais toutes les figures à forme humaine en ont été effacées par les mahométans; toutefois ils ont respecté un grand aigle entouré d'une guirlande de laurier entrelacée de fleurs, sculpté sur une large pierre servant d'architrave à une porte uniquement composée de trois blocs, les deux pieds-droits et le couronnement. Sur les deux côtés de cette porte sont deux colonnes, dans l'une desquelles est un escalier par où on monte sur l'architrave. Il y a dans le voisinage un temple dont le portique est d'une superbe architecture.

Le Père Léandre, en parlant des quatre énormes blocs qui lient le portique d'entrée du château à la tour, conjecture que le cinquième bloc n'a pas été placé. Pour se convaincre de la justesse de cette hypothèse, il se rendit, dans sa troisième excursion à Balbec, au pied de la montagne de Damas, d'où toutes les pierres ont été tirées, et il vit sur le sol un bloc exactement de même dimension que les quatre autres, en longueur, largeur et hauteur, détaché en entier de la montagne sur tous les côtés, et n'y tenant plus que par le fond. Alors il se demanda par quels moyens on pourrait détacher cette masse, et il ne le put concevoir. Comment a-t-on enlevé les autres ? comment les a-t-on transportées, élevées, placées au lieu qu'elles occupent ? Quelles forces a-t-on employées ? Quelles machines ? Il est certain que nous pouvons nous faire aujourd'hui les mêmes questions. Quand on a élevé à Paris l'obélisque de Louqsor, en présence de quatre à cinq cent mille spectateurs, on a admiré avec raison les procédés employés par l'ingénieur. Personne ne se serait avisé de demander comment les Égyptiens s'y étaient pris pour détacher ce bloc énorme de la carrière, pour le transporter à Thèbes, pour l'élever à la place qu'il occupait.

RUINES DE BABYLONE.

Ces ruines, peu importantes par elles-mêmes, le deviennent par leur antiquité prodigieuse et les souvenirs qui s'y rattachent. Elles ont été visitées par M. Rich, résident de la compagnie anglaise des Indes à Bagdad, et par M. Maurice, auteur d'un savant ouvrage sur les antiquités de l'Inde.

Babylone s'élevait dans une vaste plaine sur les deux rives de l'Euphrate. Un pont de maçonnerie solide, fortifié par des bandes de fer scellées de plomb, réunissait les deux parties de la ville. Hérodote dit que la ville était carrée, et que sa circonférence était de 480 stades; ce qui, en supposant des stades de 90 toises, équivaudrait environ à 20 lieues communes. Ses maisons avaient quatre ou cinq étages; ses rues étaient tirées au cordeau; un large fossé entourait la ville. La terre qu'on en avait tirée, pétrie et façonnée en briques, avait servi à élever les remparts et à construire l'escarpe du fossé. Au milieu de chaque quartier de la ville on voyait un magnifique édifice, dont l'un était le temple de Bélus, carré parfait de deux stades de côté. La tour qui sortait du centre s'élevait à plus de 500 pieds. Autour de cette grande masse il y avait sept autres tours de moindre dimension. Diodore ajoute que sur la grande tour on voyait la statue d'airain de Bélus. Dans un autre quartier était le palais des souverains, entouré d'une triple enceinte de murailles. Nous ne nous étendrons pas davantage sur cette description d'Hérodote; nous ne parlerons pas non plus des jardins suspendus, ni des fameuses murailles hautes de 200 pieds; car de toutes ces merveilles il ne reste rien.

Suivant M. Rich, à qui la protection du pacha de Bagdad fournit tous les moyens de satisfaire sa curiosité, ces ruines et des monceaux de briques brisées ou entières couvrent un vaste espace de terrain et s'élèvent à une assez grande hauteur; mais il n'est pas possible de déterminer à quelle sorte d'ouvrages ces briques appartenaient. Comme il s'est établi en ce lieu un grand marché de briques qu'on transporte aux environs pour les employer aux constructions modernes, les ouvriers qui s'occupent à les déterrer rendent plus difficile encore la tâche de l'observateur qui voudrait reconnaître quelqu'un des monuments décrits par les anciens historiens ; mais on a beau percer et faire des fouilles, on ne trouve que des briques et des décombres. Il paraît pourtant qu'on a trouvé quelquefois des vases d'albâtre, de la vaisselle de terre, des tuiles vernies dont les couleurs sont très-bien conservées. On a trouvé aussi à l'extrémité septentrionale d'un ravin qui semble avoir été traversé par la muraille, un lion de dimension colossale, formé d'une espèce de granit verdâtre, mais d'un travail fort grossier ; ce qui ne prouve pas que les Babyloniens fussent très-avancés dans les arts.

Ce que les naturels appellent le palais ne consiste qu'en quelques débris de murailles, et quelques pieds-droits qui paraissent avoir été des montants de porte. Ces murailles ont 8 pieds d'épaisseur, et elles sont soutenues par des pilastres et des arcs-boutants. Tous ces ouvrages sont en briques, et ce qui en reste est fort dégradé, et se dégrade chaque jour davantage.

A un mille au nord de ce palais, dont il n'est pas possible de se faire une idée par ce qui en reste, et à 500 toises environ de la rivière, on voit un autre tas de ruines, dans lesquelles Pietro della Valle, suivi par le major Rennel, a cru reconnaître la tour de

4*

Bélus, que les naturels appellent *mukallibé* et les Arabes *mujélibe*. Ces ruines forment un carré long, assez irrégulier, dont le plus long côté peut avoir 200 mètres. La partie la plus élevée a 141 pieds. Le côté occidental, qui est le plus bas, offre quelque apparence de constructions ; ce sont des fragments de murailles en briques non cuites, mêlées de paille hachées. Les briques sont cimentées avec de l'argile, et entre deux assises de briques il y en a une de roseaux.

Un autre monceau de briques situé sur la rive opposée de la rivière, est appelé par les Arabes *Birs-Nimroud*, et par les Juifs *prison de Nabŭchodonosor*.

RUINES DE PERSÉPOLIS.

Deux grands escaliers de pierre, faisant face l'un à l'autre, conduisent à une vaste plate-forme. La première chose qui se présente en arrivant, ce sont quatre grandes portes séparées par deux colonnes, le tout orné de sculptures en bas-reliefs. Un second escalier de trente marches conduit aux principales ruines, qu'on pourrait appeler une plate-forme, sur laquelle s'élevait une multitude de colonnes dont seize sont encore debout. Quand on a traversé cette plate-forme, on se trouve devant une éminence, au pied de laquelle on remarque un grand nombre de portes, de croisées, de colonnes, des figures sculptées, des bas-reliefs d'un marbre parfaitement poli. D'autres ruines qui semblent indiquer des édi-

fices du même genre, ont fait présumer que c'était
là le palais des anciens rois de Perse. Un troisième
escalier, creusé dans la roche vive, conduit à une
dernière plate-forme où l'on voit aussi des restes de
constructions.

Des aqueducs creusés dans le roc conduisaient
l'eau dans toutes les parties de cet édifice. D'autres
constructions s'élevaient sur d'autres parties de la
montagne ; on conjecture que c'étaient des bâtiments dépendants du palais. La ville était toute construite au pied de la montagne.

MOSQUÉE D'OMAR, A JÉRUSALEM.

Des voyageurs éclairés assurent que cette mosquée est le plus beau monument d'architecture qui
existe en Turquie. Considérée à l'extérieur, elle l'em-
porte sur celle de Sainte-Sophie de Constantinople.
Des restes de voûtes qui existent sur les côtés du
plateau spacieux au milieu duquel la mosquée s'é-
lève, indiquent l'existence en ce lieu de constructions anciennes, qu'on assure avoir appartenu au
temple de Salomon. Quant à la mosquée, on peut
dire que peu d'édifices peuvent lui être comparés,
soit à cause du luxe asiatique des constructions, ses
nombreuses arcades, son dôme spacieux, son étendue, son superbe pavé de marbre, soit à cause des
ornements qui embellissent l'intérieur.

SAINTE-SOPHIE, A CONSTANTINOPLE.

Le dôme de Sainte-Sophie , bâti sur des arceaux que supportent de vastes piliers de marbre, a 113 pieds de diamètre. Le pavé et l'escalier qui conduit au dôme sont aussi de marbre. Le tombeau de Constantin s'y voit encore. Les Turcs ont pour la mémoire de cet empereur une vénération profonde.

La mosquée de la sultane Validé, mère de Mahomet IV, est la plus grande de Constantinople ; elle est entièrement construite en marbre. Celle du sultan Soliman forme un carré parfait avec une haute tour à chaque angle. Au milieu de la mosquée s'élève une très-belle coupole, soutenue par des piliers de marbre ; deux autres coupoles plus petites, placées aux extrémités, reposent aussi sur des piliers de marbre. Le marbre a aussi fourni le pavé et les matériaux de la galerie qui entoure la mosquée. Une fontaine répand ses eaux dans un bassin de marbre sous la grande coupole. A l'extrémité supérieure de la mosquée, est une espèce d'autel sur lequel est inscrit le nom d'Allah (*Dieu*). Deux candélabres de 6 pieds de haut sont placés devant l'autel. Le pavé est recouvert de beaux tapis. Il y a une tribune pour le sultan ; on y monte par un bel escalier à rampe dorée.

La mosquée de Selim Ier, à Andrinople, ornée de marbre, de fontaines, de portiques, consiste en un dôme d'une prodigieuse étendue, flanqué de tours.

Ce qu'on y remarque de curieux, c'est un escalier tournant en spirale, composé de trois escaliers placés l'un sur l'autre, et conduisant aux trois étages de la tour qui sert de minaret. Au milieu de la voûte est suspendue une grande lampe en argent.

TEMPLE HINDOU D'ÉLÉPHANTA.

L'île d'Éléphanta, à deux lieues de Bombay, n'a guère que trois milles de circuit. Elle consiste en deux montagnes rocheuses, couvertes d'arbres et de buissons. Vers la plage où l'on débarque, on remarque, taillé dans le roc, un éléphant de grandeur naturelle : on suppose que c'est là ce qui a donné à l'île le nom quelle porte. Un sentier assez étroit, pratiqué sur le flanc de la montagne, conduit à l'excavation extraordinaire qui, depuis si longtemps, excite l'admiration des curieux et exerce les conjectures des antiquaires. Ce n'est pas sans une vive surprise qu'on aperçoit quatre rangs de colonnes uniformes, toutes taillées dans la roche vive, placées à d'égales distances, et formant ainsi trois avenues, au fond desquelles se trouve la grande idole des Hindous. L'image du milieu représente un colosse à trois têtes, d'environ 15 pieds de haut. C'est la triade hindoue, composée de *Brahma* créateur, *Vischnou* conservateur, et *Schiva* destructeur et reproducteur. La figure de Brahma est calme, impassible ; celle de Vischnou offre dans ses traits de la douceur et de la bonté ; celle de Schiva, de la sévérité, de la rigueur et de la colère.

Non loin de l'idole est un géant appuyé sur un nain ; il paraît être le gardien de la triple divinité, qu'il sépare d'une infinité de figures d'hommes et de femmes, sculptées sur les murs ; toutes ces figures sont vêtues comme les Hindous modernes, fidèles observateurs des coutumes de leurs pères. La plupart de ces figures sont en plein-relief, d'autres en bas-relief ; mais quoiqu'il y en ait plusieurs milliers, on n'en voit pas une seule qui exprime par la physionomie le moindre sentiment passionné ; toutes ont ce caractère d'impassibilité, calme et froid, que les Égyptiens donnaient à leurs sculptures.

On ne saurait trop admirer les excavations d'Éléphanta, quand on considère la difficulté de l'entreprise, le nombre d'ouvriers qu'il a fallu employer, le génie de l'architecte, et tout cela dans un pays que les Grecs et les Romains traitaient de barbare. Si ces immenses ouvrages avaient été élevés sur le sol, ils auraient encore le droit d'étonner ; mais ce qui confond l'imagination, c'est de penser que tout ce travail s'est fait en creusant pouce à pouce dans la roche vide.

TEMPLE DE SALCETTE.

Le temple de Salcette, pareillement voisin de Bombay, a été creusé, comme celui d'Éléphanta, dans le flanc d'une montagne. Il forme un carré long de 90 pieds, large de 38, et surmonté d'un toit en forme de voûte. Des colonnades régulières le divisent en trois ailes, à peu près comme nos anciennes basiliques. Dans le centre se trouve un espace circulaire aussi entouré de colonnes. L'intérieur n'offre de sculptures que dans les chapiteaux des piliers ; il y a même beaucoup d'endroits où le travail n'a pas été terminé.

Le portique, qui tient toute la façade du temple, est d'une grande beauté. On voit de chaque côté une vaste niche renfermant une statue colossale bien exécutée. Devant l'entrée sont plusieurs groupes de figures. Le parvis du temple, à peu près aussi grand que l'intérieur, offre beaucoup de sculptures bien conservées. Sur des piliers carrés qui sont près de la porte, on voit une longue inscription en caractères tout à fait inconnus, même des brahmines instruits du pays.

Un escalier taillé sur le flanc de la montagne conduit à de nombreuses excavations, dont les unes sont des citernes, les autres des portiques avec des siéges, ou des chambres plus ou moins vastes. On avait d'abord conjecturé que cette montagne formait une ville contenant plusieurs milliers d'habitants ; la chose était peu vraisemblable. Depuis on a pensé avec plus de raison que c'était un lieu de retraite pour les brahmines et pour ceux qu'ils initiaient à leurs doctrines.

MAUSOLÉE DE L'EMPEREUR SHAH JEHAN.

Ce mausolée, qui s'élève sur la rive méridionale de la Djamna, fut construit par l'ordre de cet empereur, dès la cinquième année de son règne, et il ne fut terminé qu'après seize ans et demi de travaux consécutifs. Les Anglais eux-mêmes le regardent comme un des plus magnifiques ouvrages qui soient sortis de la main des hommes. Il est au milieu d'une immense plate-forme de marbre blanc; il est aussi du plus beau marbre, et il a un minaret élégant à chacun de ses angles. De chaque côté du mausolée, et derrière le monument, règne une longue suite de bâtiments de la même matière, richement décorés de pierres de couleurs diverses. Tous ces édifices et les tombes elles-mêmes présentent des guirlandes de fleurs et de feuillage avec leurs couleurs naturelles, composées de cornalines, d'onix, de vert antique, de lapis-lazuli, et de plusieurs variétés d'agate.

L'empereur l'avait fait construire pour y déposer les restes de son épouse bien-aimée. Il y fut enseveli lui-même par ordre de son fils, le fameux Aureng-Zeb. Ce superbe monument coûta 98 lacs de roupies ou 1225 mille livres sterling (30 millions 625 mille francs).

SAINT-PIERRE DE ROME.

Quand on approche de ce magnifique édifice, chef-d'œuvre inimitable d'architecture religieuse, on ne peut se défendre d'un vif sentiment d'admiration. La double colonnade qui de chaque côté s'étend en demi-cercle, l'obélisque égyptien, les deux fontaines dont les eaux s'élèvent en gerbe à 9 ou 10 pieds de haut, le portique, l'admirable façade de l'Église, tout frappe l'imagination, remue l'âme et commande le respect. Toutefois on n'éprouve pas en entrant dans Saint-Pierre ce sentiment très-vif que cause l'aspect d'un prodige : on n'est pas saisi. Mais bientôt l'effet devient plus sensible, il s'agrandit, il augmente; et de moment en moment l'esprit et les yeux d'accord se livrent à cette sensation croissante; on finit par admirer de toutes ses forces. Les proportions sont si soigneusement observées, que chaque partie se montre avec un égal avantage, sans que pourtant aucune paraisse supérieure aux autres. L'édifice ne semble ni trop haut, ni trop long, ni trop large ; de justes proportions sont partout.

La coupole est admirable ; mais quand on y monte on n'est pas peu surpris de voir que la coupole qu'on vient d'apercevoir de l'église n'est pas la même que celle qu'on avait aperçue du dehors. Ce sont deux dômes distincts dont l'un sert d'enveloppe à l'autre. L'escalier par lequel on monte au sommet se trouve entre les deux. S'il n'y avait eu que le dôme extérieur, on l'aurait mal vu de l'église; s'il n'y avait eu que le dôme intérieur, on l'aurait mal vu du dehors, et s'il avait fallu donner à un seul dôme autant d'épaisseur qu'il y a de distance de l'un à l'autre, les piliers n'auraient pas été capables de le supporter.

Des 130 statues qui sont dans l'église, celle de saint Pierre est incontestablement la plus remarquable. On dit qu'elle fut fondue aux dépens d'une statue en bronze de Jupiter Capitolin. Cent douze lampes brûlent continuellement devant le tombeau de l'apôtre, et le maître autel, sur lequel le pape seul dit la messe, est recouvert d'un plafond qui excède en beauté les plus beaux plafonds. La sacristie, bâtie par Pie VI, renferme des mosaïques copiées sur des tableaux de grands maîtres. Le dôme, la lanterne comprise, s'élève à 132 mètres.

SAINT-PAUL DE LONDRES.

La cathédrale de Saint-Paul est le plus beau monument de Londres. Son dôme s'élève à 110 mètres. L'église, le portique compris, a 510 pieds (anglais) de long sur 282 de large. Une muraille de pierre, chargée d'une balustrade en fer fondu, entoure l'église, dont le cimetière se trouve ainsi séparé d'une route fréquentée par les voitures et les piétons. Il y a trois portiques, dont l'un sert d'entrée principale; il fait face à l'ouest. Il se compose au rez-de-chaussée de douze colonnes corinthiennes, et au-dessus de huit colonnes d'ordre composite. L'église a la forme d'une croix. Sur le point d'intersection des deux lignes, s'élève un beau dôme, surmonté d'une lanterne ornée de colonnes corinthiennes, et entouré à sa base d'un balcon en fer. Au-dessous de la lanterne est un globe doré, sur lequel est implantée une croix pareillement dorée.

Les deux tours, qui sont à droite et à gauche du frontispice, ont chacune 208 pieds de haut. Dans l'une est la grande horloge, dont la cloche, de 10 pieds de diamètre et du poids de 11,474 livres, se fait entendre dans toute la ville, à moins que le vent ne souffle dans une direction opposée. Le pavé de l'église est tout en carreaux de marbre noir et blanc; dans certaines places, on voit même des carreaux de porphyre. On a placé dans l'intérieur de l'église plusieurs statues et quelques monuments funèbres. On y remarque les statues de Samuel Jonhson et de William Jones, et le tombeau de Nelson. La galerie de l'orgue repose sur huit colonnes de marbre bleu et blanc.

Cette cathédrale, érigée aux dépens de l'État, a coûté 736,752 livres sterling (environ 18 millions et demi de francs); commencée en juin 1673, elle fut terminée en 1710 par la pose de la dernière pierre de la lanterne; mais le travail des décorations dura jusqu'en 1723. L'architecte de cette immense basilique, qui ne le cède en étendue et en beauté qu'à Saint-Pierre de Rome, sir Christophe Wren, jouit en Angleterre d'une réputation méritée.

Il n'est pas d'étranger arrivant à Londres qui n'aille visiter la cathédrale de Saint-Paul, et sa curieuse galerie, *the whispering gallery* (galerie où l'on parle tout bas, à l'oreille). Cette galerie a 140 mètres environ de circuit. Un siége ou banc de pierre règne alentour, adossé contre la muraille. Du côté directement opposé à la porte par laquelle le visiteur est entré, le siége est recouvert de nattes; le visiteur s'y place. Le cicérone, qui est resté près de la porte, applique sa bouche contre le mur et prononce quelques mots que l'étranger entend très-distinctement et comme s'ils étaient dits à son oreille, quoiqu'il y ait environ 140 pieds de distance entre son interlocuteur et lui. Le bruit que fait la porte en se fermant retentit comme un coup de tonnerre; mais il faut pour cela se trouver à la portée de la galerie où les nattes couvrent le siége; car, plus on se rapproche de la porte, moins la détonation est sensible.

Le globe de la lanterne pèse 5,600 livres; il a 6 pieds 2 pouces de diamètre, et douze personnes peuvent s'y tenir assises. On arrive à la galerie qui est au pied de la lanterne par un escalier de cinq cent trente-quatre marches, dont les dernières sont assez rudes. De cette galerie on aperçoit la ville entière et tout le pays d'alentour. C'est un coup d'œil magnifique.

DÉCOMPOSITION DU RAYON LUMINEUX, FORMATION DES COULEURS.

On avait compris que la lumière était un corps matériel, puisqu'elle agit sur les yeux où, par sa percussion, elle cause une sensation pénible et souvent douloureuse. Ce corps était évidemment fluide; mais quelle était sa nature, sa forme? C'est ce qu'on a longtemps ignoré. Les anciens regardaient les particules de lumière comme pyramidales. Parmi les modernes, quelques-uns avaient fait revivre cette opinion ; d'autres, ayant à leur tête Descartes, les croyaient sphériques, dures et formant des tourbillons. Descartes donnait à ses globules deux mouvements : l'un en avant, et c'était la lumière, l'autre circulaire ; et ces deux mouvements combinés produisaient les couleurs. Quant au mouvement de la lumière, Descartes et Huyghens l'expliquent ainsi : c'est à la forme globuleuse que les parties de la lumière doivent leur élasticité ; or le mouvement propre des corps lumineux fait vibrer ces globules à peu près comme le choc solide fait vibrer un corps sonore.

Les partisans de Newton, et jusqu'ici c'est le plus grand nombre, pensent que la lumière est une émanation des corps lumineux. Il est vrai de dire que depuis quelque temps certains physiciens reviennent ou semblent revenir au système de Huyghens.

Restait toujours la grande question : comment la lumière produit-elle la diversité des couleurs ? Les couleurs se forment, disaient les cartésiens, par la différence du mouvement des parties de la lumière. Newton répondit, appuyé sur l'expérience. Il prit un prisme triangulaire, l'exposa à un rayon solaire qu'il fit entrer dans une chambre par un petit trou pratiqué au volet. Le rayon, rompu et divisé par le prisme, fut reçu à la distance requise sur un papier blanc ; et il vit sept couleurs distinctes : rouge, orangé, jaune, vert, bleu-céleste, indigo et violet.

De l'ordre dans lequel les couleurs se trouvaient placées, il conclut que le rayon se compose de parties de diverse nature, les unes plus volumineuses et plus fortes que les autres; que les plus fortes étaient celles qui souffraient le moins de déviation de leur direction primitive; qu'ainsi les rouges avaient plus de puissance que les orangées, celles-ci que les jaunes, et ainsi de suite. D'autres expériences prouvèrent que les sept couleurs, séparées par le prisme, ne sont pas susceptibles de se subdiviser, si elles sont soumises séparément à l'effet du prisme; car le rayon rouge reste toujours rouge, le vert toujours vert, etc.

Les sept couleurs réunies par une lentille, après avoir été séparées par le prisme, donnent le blanc, c'est-à-dire qu'elles offrent la même teinte qu'avait le rayon lumineux avant d'être divisé.

Les expériences de Newton le conduisirent à soutenir que les couleurs étant des propriétés de la lumière et non des propriétés inhérentes aux corps, ceux-ci ne paraissent diversement colorés que parce qu'ils sont disposés de manière à ne réfléchir que certaines parties des rayons lumineux à l'exclusion des autres, ou à les réfléchir en bien plus grand nombre, ce qui produit une couleur secondaire ou composée.

Nous ne pousserons pas plus loin les développements sur la matière des couleurs ou de la lumière, matière qui appartient à la haute physique, et dont nous n'avons parlé que pour faire voir jusqu'à quel point peut aller l'industrie humaine, quand elle est dirigée par le génie.

AIMANT ARTIFICIEL.

Quand on eut découvert les propriétés de l'aimant, on voulut les appliquer aux arts, et l'on ne tarda pas à s'apercevoir que ces propriétés se communiquaient au fer et à l'acier par le contact et le frottement. On remarqua même que, contrairement à la loi générale, toute force qui se communique diminue d'intensité, et qu'elle perd en proportion de ce qu'elle donne; la vertu magnétique ne s'épuise point dans l'aimant, bien que le fer reçoive souvent plus de force par l'aimantation que n'en avait l'aimant lui-même.

Une autre remarque bien extraordinaire, c'est que les aimants artificiels ne sont pas seulement supérieurs aux aimants naturels, en ce qu'à volume égal ils ont plus de force; ils le sont encore, parce qu'ils communiquent beaucoup mieux et plus abondamment la vertu magnétique que les aimants naturels. Si, par l'effet du temps, de l'oxydation ou de toute autre cause, ils viennent à perdre leur force, il est très-aisé de la leur rendre, ce qui n'arrive pas avec les aimants naturels, qui ne la recouvrent que très-difficilement lorsqu'ils l'ont perdue. On peut d'ailleurs donner à ceux qu'on fabrique la forme que l'on veut, tandis qu'il faut laisser aux autres celle que la nature leur a donnée.

BOUSSOLE.

C'est à la découverte fortuite des diverses propriétés de l'aimant qu'est due celle de la boussole, utile instrument qui a plus fait en trois siècles pour les progrès de la navigation et pour la science nautique, que n'avaient pu faire en trois mille ans tous les efforts des hommes ; car ce n'est qu'avec le secours de la boussole que les navigateurs se sont dirigés à travers les vastes solitudes de l'Océan.

On ignore l'époque précise de l'invention de la boussole en Europe. Les anciens ne connaissaient de l'aimant que la vertu attractive, et il a fallu bien des siècles pour ajouter celles que nous connaissons aux notions imparfaites qu'ils nous ont transmises. Pasquier, dans ses *Recherches sur la France*, cite une description de la boussole et de son usage sur mer par Hugues de Bercy, qui vivait au XIIIe siècle. D'autres font honneur de la découverte au Napolitain Jean Goya, postérieur à Hugues de quelques années.

Mais beaucoup d'écrivains revendiquent pour les Chinois et les Hindous la gloire d'avoir inventé la boussole. Les écrivains des premiers le prétendent, et ils en apportent d'assez bonnes preuves. Il en est de même des seconds ; leurs anciens livres traitent du commerce maritime, des voyages de long cours, et de divers procédés qu'on employait pour diriger les navires en pleine mer.

On sait que la boussole consiste dans une petite boîte qui renferme une aiguille aimantée, tournant librement sur un pivot vertical dont la pointe supérieure est reçue dans un petit trou pratiqué au milieu de la longueur de l'aiguille et à son centre de gravité, afin qu'elle puisse se maintenir dans une position horizontale. On sait que la pointe de l'aiguille est constamment tournée vers le nord, sauf sa déclinaison à l'est ou à l'ouest, dont les navigateurs sàvent tenir compte. En 1819, la pointe de l'aiguille déclinait à l'ouest du vrai pôle nord, c'est-à-dire que, pour avoir le vrai nord avec la boussole, on le cherchait à 22° à droite. Il paraît que depuis cette époque la déclinaison diminue et que la direction de l'aiguille se rapproche du pôle.

DE LA NAVIGATION.

Nous nous trouvions un jour dans la bibliothèque publique d'une ville de province, bibliothèque assez nombreuse et surtout bien choisie. Arrive un marin, poli comme ils l'étaient du moins au temps dont nous parlons. « Monsieur, dit-il au bibliothécaire, avez-vous des livres de marine ? — Oui, Monsieur ; lequel désirez-vous ? — J'en voudrais un qui m'indiquât quel fut le premier vaisseau qui ait navigué. Au reste, vous devéz savoir, vous, Monsieur, tout ce que vos livres contiennent ; vous pourriez peut-être répondre à ma question ? — Ma foi, Monsieur, je ne connais pas dans l'histoire des navigateurs de navire plus ancien que celui des Argonautes. — Vous vous moquez, reprit d'un ton fâché le marin, qui probablement n'avait pas trouvé les Argonautes sur ses cartes. — Je me trompe en effet, répliqua le bibliothécaire en riant ; il y en a un plus ancien, c'est l'arche de Noé. » Tous ceux qui avaient entendu ce colloque se prirent à rire ; le marin se retira fort mécontent.

Ce que le bibliothécaire avait dit en plaisantant était pourtant une grande vérité ; car les livres saints nous apprennent que Dieu lui-même prescrivit la forme de ce bâtiment, en indiqua les proportions et les mesures, et instruisit Noé des moyens qu'il devait prendre pour que son bâtiment, malgré le poids immense qu'il supporterait, pût se soutenir sur les eaux. Nous savons encore par l'Écriture que les premiers navigateurs furent les enfants ou descendants de Noé, et ce qui prouve bien que ce fut en quelque sorte par les traditions encore vivantes du déluge et de l'arche que la navigation se forma, c'est que ses premiers progrès se firent sentir dans les contrées voisines du lieu où l'arche s'arrêta.

Mais la race humaine dégénéra ; les bonnes traditions se perdirent ; on navigua sur des planches, des radeaux, des canots faits d'écorce d'arbre ou d'un tronc d'arbre creusé par le feu. Il paraît toutefois qu'au temps de Job on avait fait revivre l'art de la navigation, puisque dans son livre (ch. XXIV. v. 18) il parle de pirates qui faisaient des courses sur mer, et s'emparaient des vaisseaux qui faisaient le commerce. Dans le livre des Rois et dans les Paralipomènes, il est fait mention des flottes que David et Salomon envoyaient dans l'Orient.

Il paraît qu'avant ce temps les Égyptiens avaient inventé les voiles, puisqu'ils disaient qu'Isis, voguant sur le fleuve pour aller à la recherche des membres de son époux, méchamment mis à mort par son frère Typhon, détacha le voile qui couvrait sa tête, et le plaça au bout d'un aviron planté verticalement dans le bateau; ce qui la fit arriver, poussée par le vent, jusqu'au rivage de la mer. Toutefois les Égyptiens ne s'appliquèrent pas à la navigation, parce que depuis le meurtre d'Osiris, dont les membres avaient été dispersés dans le Nil, ils avaient la mer, le fleuve et même les poissons en horreur. Ce furent les Phéniciens qui devinrent les plus hardis et en même temps les plus habiles navigateurs. On sait qu'ils avaient fait le tour de l'Afrique, en partant de la mer Rouge et en revenant par le détroit de Gibraltar. On dit, il est vrai, qu'ils ne perdaient jamais de vue la terre. Plus tard, ils allaient chercher l'étain aux îles Cassitérides, sur la côte de Cornouailles, en Angleterre.

Les Grecs, malgré leur aptitude pour les arts en général, furent fort mauvais navigateurs; leurs bâtiments n'étaient que des barques mal construites; et un seul de nos petits batiments de guerre aurait détruit cette flotte homérique qui transporta les Grecs dans les champs d'Ilion. Les vaisseaux des Romains n'étaient guère plus solides ni plus commodes. On cite comme une chose plus que merveilleuse la fabrication du navire qu'employa Caïus pour transporter un obélisque haut de 100 coudées et de 20 coudées de diamètre. Mais Pline rapporte le fait sans le garantir; quoique les Égyptiens eussent de la prédilection pour les colosses, il n'y a pas en Égypte d'exemple d'un obélisque semblable : plus de 158

pieds de haut, et plus de 47 de diamètre ! un obélisque de ces dimensions n'aurait pas été probablement d'un seul bloc : dès lors, nulle nécessité d'un
navire construit exprès. Au fond, les Égyptiens,
après avoir taillé leurs obélisques dans les carrières
de Salcette ou d'Éléphantine, les transportaient sur
des radeaux ; probablement Caïus aura fait de
même.

Les Égyptiens se servaient même d'un procédé
très-ingénieux pour placer ces blocs énormes sur les
radeaux. Ils aménaient l'eau du Nil sous la pierre
par une tranchée profonde, ils poussaient ensuite
une barque dans cette tranchée, et ils chargeaient
cette barque de pierres, afin qu'enfonçant dans l'eau
elle pût glisser sous la pierre ; cela fait, ils vidaient
la barque, qui, libre de son poids, remontait sur
l'eau et soulevait le bloc. Ils avaient soin de propor-
tionner la grandeur de la barque ou du radeau au
poids présumé du bloc.

Ce n'est guère que dans le XVIe siècle et les suivants qu'on s'est adonné, en Europe, à la construction des vaisseaux. Quelle différence aujourd'hui
entre un de nos gros vaisseaux de ligne et ces
grandes barques des anciens, pompeusement quali-
fiées du nom de navires ou de galères !

Les modernes ne naviguent plus par le moyen des
rames, ils n'emploient que les voiles ; et depuis quelques années, ne trouvant pas ce moyen assez prompt,
ils emploient la vapeur, seule ou comme auxiliaire des
voiles. Quant à la rame, elle est complétement aban-

donnée ; elle ne sert que pour faire voguer la chaloupe ou de petites barques.

VAPEUR. — DE LA NAVIGATION A LA VAPEUR. — CHEMIN DE FER.

Il s'agit ici d'une des plus belles conquêtes de l'industrie humaine sur la nature, forcée en quelque sorte à trahir devant le génie le secret de ses opérations.

On s'était depuis longtemps aperçu que l'eau soumise à l'action du feu se résolvait en vapeur, et que la vapeur occupait un espace infiniment plus grand que l'eau sous sa forme ordinaire ; mais on n'avait pas songé à tirer parti de la force que la vapeur acquiert par la pression. Ce n'a été que lorsqu'on a su calculer quelle était cette force, qu'on a cherché les moyens de l'utiliser. Il a été démontré par une série d'expériences que la vapeur de l'eau, développée par la simple ébullition à 80° de chaleur, occupe un espace 1728 fois plus grand que le volume de l'eau à l'état de liqueur, de telle sorte qu'un pouce cube d'eau fournit un pied cube de vapeur. Mais cette force d'expansion s'accroît très-rapidement si l'on augmente l'intensité du feu. 122° de chaleur donnent pour la même quantité d'eau deux pieds cubes, 153° trois pieds, 139° quatre pieds, etc. En un mot, la vapeur peut s'étendre, si l'on pousse la chaleur au plus haut degré, jusqu'à un volume 14,000 fois plus considérable que celui de l'eau.

Il fut démontré de même que la vapeur produite

par l'eau chaude prenait en ressort et en élasticité, lorsqu'elle était retenue par quelque obstacle, tout ce qu'elle aurait acquis en volume si elle eût été libre. Aussi est-elle capable des plus grands efforts pour s'étendre. Dans la pompe à feu de Chaillot à Paris, la vapeur soulève un piston qui a 5 pieds de diamètre, et qui est en outre chargé d'une colonne d'air pesant plus de 43 millions.

Il ne fut plus question, après que la puissance de la vapeur eut été connue et déterminée, que de trouver les moyens de l'appliquer à la mécanique. Aujourd'hui que ces moyens sont trouvés, la plupart des nations européennes se disputent l'honneur de l'invention. Suivant les Espagnols, ce fut un capitaine de vaisseau nommé Don Blas de Garay qui, dès l'an 1543, en proposa l'usage à l'empereur Charles-Quint. Mais c'est principalement dans le cours du XVIIe siècle qu'apparaissent toutes les prétentions rivales. Les Italiens citent l'ouvrage du mécanicien Bianca, lequel renferme la description d'une machine dont la roue motrice tourne par le moyen de la vapeur. Les Allemands nomment leur ingénieur Salomon de Causs, qui construisit pour l'électeur palatin une machine hydraulique qui élevait l'eau par le même moyen. Les Anglais attribuent la machine à vapeur au marquis de Worcester; les Français de leur côté revendiquent en faveur de Denis Papin l'invention de la première machine à piston mu par la vapeur; et ils le regardent comme ayant aperçu le premier la possibilité de combiner les deux grandes propriétés de la vapeur, sa force élastique et sa prompte condensation par refroidissement.

Ce qu'on ne saurait s'empêcher de reconnaître, c'est que ceux qui ont perfectionné l'emploi de la vapeur par la construction d'une machine qui en rend l'application facile et générale, ce sont les Anglais James Watt et M. Boulton. Leur machine est assez compliquée, quoique le mouvement de toutes ses parties s'exécute très-librement; elle consiste principalement en un large cylindre dans lequel est placé un piston solide, comme dans le corps d'une pompe foulante. La vapeur est fournie par une grande chaudière. Le piston forcé par elle de s'élever ouvre une soupape qui laisse entrer l'eau froide. Le piston alors redescend pour remonter aussitôt, ce qui ne peut se faire qu'en chassant avec force l'eau qui s'était introduite. Ainsi la vapeur, en se dilatant et en se condensant tour à tour, imprime au piston un mouvement de va-et-vient qui constitue le jeu de la pompe.

Les machines construites par MM. Boulton et Watt étaient d'une force déterminée. Un cylindre de 31 pouces (anglais) de diamètre, donnant 17 coups de piston par minute, fournit autant d'eau qu'en donneraient 40 chevaux travaillant jour et nuit. La chaudière consomme chaque jour 11,000 livres de charbon. Un cylindre de 19 pouces, à 25 coups de piston par minute, fait le travail de 12 chevaux, et consomme 3.700 livres de charbon. Ces deux machines fournissent plus de 20,000 pieds cubes d'eau, qu'elles élèvent à la hauteur de 24 pieds par chaque quintal (50 kilog.) de bon charbon.

La construction de ces machines remonte à l'an 1779; mais depuis cette époque la vapeur a été appliquée à la navigation. Les Anglais prétendent que l'inventeur de l'appareil qui détermine la marche des navires par l'emploi de la vapeur est un certain Jonathan Hull; les Écossais soutiennent que c'est leur compatriote Henri Bell. Quelques expériences sur la vapeur employée comme locomotive avaient été faites depuis 1788; mais le peu de succès qu'elles avaient eu les avait fait abandonner. En 1812, Bell réussit à construire un petit bâtiment long de 40 pieds, sur lequel il remonta la rivière avec une vitesse de sept milles à l'heure; il n'en fallait pas davantage pour proclamer Bell inventeur de la navigation par la vapeur. Toutefois il est avéré que l'ingénieur américain Fulton avait, en 1807, navigué sur la rivière et la baie d'Hudson avec un bateau à vapeur, et il est probable que Bell avait eu connaissance du fait, peut-être même du procédé.

On sent qu'il a fallu en effet de grandes modifications à la méthode employée dans les pompes, pour former la vapeur et la condenser dans les bateaux qui marchent par elle. Aujourd'hui ces machines se sont perfectionnées et multipliées, et la vapeur s'applique non-seulement aux petits bâtiments, mais encore aux grands navires et aux vaisseaux de guerre. On n'ignore pas que c'est la vapeur qui fait tourner les deux grandes roues placées en dehors du bateau, et que ce sont ces roues qui, frappant l'eau de leurs ailes à coups redoublés, forcent le navire à marcher avec d'autant plus de vitesse, que l'eau plus souvent frappée oppose plus de résistance.

Après avoir appliqué la vapeur à la navigation, il était naturel de chercher à l'appliquer aux voyages sur terre, et au transport des marchandises et des personnes. Il s'agit d'obtenir les mêmes avantages, économie de temps et diminution de dépense. Deux Anglais, MM. Vivian et Trevithick, construisirent en 1802 des machines à haute pression, qui au fond n'étaient autre chose qu'une des machines inventées par Papin, avec quelques modifications. Mais pour que cette manière de voyager offrît sur terre le même avantage qu'elle a sur mer, il fallait des routes unies et planes, dont le niveau constant n'apportât à la marche aucun obstacle. Il a donc fallu construire des chemins qui, tantôt par de longs détours, tantôt traversant les collines, tantôt serpentant sur leurs flancs, ou passant sur des ponts les rivières et les ruisseaux, n'eussent pas d'autre inconvénient que d'allonger la route. On la parcourt, il est vrai, si rapidement, qu'on n'a pas le temps de s'apercevoir qu'elle est longue; on fait 7 à 8 lieues par heure; on peut parcourir dans un jour des distances immenses.

Afin d'empêcher les voitures de dévier de la ligne droite, les roues des voitures tournent dans des ornières de fer, que les Anglais appellent *rail-ways*. On a aussi imaginé de placer l'ornière dans les roues mêmes, en pratiquant une profonde rainure au milieu de la largeur des jantes, et de ne laisser sur le sol qu'une bande de fer qui entre dans la rainure.

Un convoi se compose d'une locomotive (on appelle ainsi le wagon qui renferme la chaudière et tout l'appareil), quelquefois de deux, et de plusieurs wagons attelés à la suite l'un de l'autre, et destinés au transport des voyageurs ou des marchandises.

MM. Davy et Faraday ont réussi, il y a peu de temps, à comprimer et à refroidir certains gaz, l'acide carbonique, l'hydrogène sulfuré, l'ammoniaque, qu'on avait toujours regardés comme des fluides aériformes permanents, et à les réduire même à l'état de liquides. Pour leur rendre leur forme primitive, il suffit de quelques degrés de chaleur, tandis qu'il faut une chaleur immense pour vaporiser l'eau. On a pensé qu'il ne serait pas impossible d'appliquer ces gaz liquéfiés dans les locomotives à la place de la vapeur; mais on n'a fait encore à ce sujet aucune épreuve concluante. Si la question était résolue par l'expérience en faveur de cette idée nouvelle, on aurait obtenu un nouvel agent qui n'aurait pas moins de puissance que la vapeur et qui offrirait moins de dangers, avec une très-grande économie.

Nous disons *moins de dangers*, et malheureusement nous ne sommes que trop fondé à tenir ce langage; car de nombreux accidents sont arrivés,

arrivent tous les jours encore, taut sur les bâtiments
à vapeur que sur les chemins de fer. Nous convenons que plus d'une fois ils ont été causés par un
défaut de prévoyance, ou par quelque accident im-
prévu ; mais souvent aussi il y a eu explosion, malgré
toutes les précautions prises. Il serait bien impor-
tant, dans ce cas, de découvrir s'il n'existe pas quelque agent inconnu qui, joint à la vapeur, acquît une
force irrésistible. Nous nous souvenons d'avoir lu,
il y a deux à trois ans, dans le compte rendu d'une
séance de l'Académie des Sciences de Paris, le rapport d'un correspondant de province à ce corps
savant. Il y était dit que l'électricité jouait un grand
rôle dans les accidents, et cette opinion était appuyée
sur plusieurs expériences. On prétendait qu'un corps
an-électrique, un homme, un animal, etc., isolé
du sol par un plateau reposant sur des pieds de verre
et communiquant avec la chaudière au moyen d'une
chaîne conductrice, s'électrisait de manière qu'on
en faisait jaillir l'étincelle électrique. Ce fait aurait
dû être constaté par des expériences nouvelles ; et,
une fois avéré, on aurait fait usage de cette belle
découverte et prévenu peut-être de nouveaux accidents.

GNOMONIQUE.

On appelle ainsi l'art de faire des cadrans solaires,
c'est-à-dire de décrire sur un plan vertical ou horizontal certaines lignes sur lesquelles l'ombre d'un
style marque les heures.

Cet art est extrêmement ancien. Nous savons par le quatrième livre des Rois (chap. xx), que le prophète Isaïe fit reculer de 10 degrés l'ombre du style sur le cadran d'Achaz, roi de Juda (1). Il est probable que les Juifs tenaient la gnomonique des Chaldéens et des Égyptiens, premiers peuples connus qui s'occupèrent d'astronomie ; et ce qui prouve que le cadran d'Achaz devait être fait sur le modèle de ceux de Babylone ou de Memphis, c'est qu'il était solaire, et que les Juifs ne réglaient leur année que sur le cours de la lune.

Les Grecs apprirent des mêmes peuples à faire des cadrans. Denys le Tyran en fit construire un à Syracuse. Ce fut de la Sicile que les Romains, à leur tour, reçurent l'usage des gnomons. Avant qu'ils eussent conquis cette île, ils ne distinguaient les heures que par la hauteur du soleil au-dessus de l'horizon. Leur premier cadran fut celui dont le consul Valérius Messala orna son triomphe la seconde année de la première guerre punique, et qu'il déposa auprès de la tribune aux harangues ; mais comme ce cadran avait été dressé pour la latitude de Catane, différant d'un degré de celle de Rome, il ne marquait plus les heures très-exactement. Par la suite, les cadrans devinrent très-communs à Rome. Après la chute de l'empire romain, on conserva les cadrans, mais on négligea l'art de les faire réguliers.

Ce ne fut guère que dans les premières années du XVIe siècle que le savant orientaliste allemand Sé-

(1) Ce prince vivait l'an 14 de Rome, 740 ans avant Jésus-Christ.

bastien Munster publia un traité complet de *Gnomonique*. Cet exemple eut des imitateurs, et à mesure que les sciences astronomiques ont fait des progrès, la gnomonique s'est perfectionnée. Dans le xviiie siècle, on a publié, seulement en France, plus de vingt traités complets de l'art de tracer des cadrans sur toutes sortes de plans, même en faveur de ceux qui, n'ayant aucune teinture de trigonométrie sphérique, voudraient faire des cadrans pour leur usage. Une machine fut même inventée et présentée à l'Académie des Sciences, et approuvée par elle, au moyen de laquelle tout individu qui n'est pas entièrement dénué d'intelligence trouve la soustylaire sur toutes sortes de plans, horizontaux, inclinés ou verticaux, et la déclinaison de cette ligne. On entend par soustylaire une ligne qui représente un cercle horaire, perpendiculaire au plan du cadran, laquelle passe toujours par le centre lorsqu'il en a un, et par le pied du style.

Aujourd'hui les cadrans ne sont plus guère en usage que dans les campagnes, où les habitants n'ont pas toujours des horloges pour leur marquer les heures. Encore arrive-t-il, depuis plusieurs années, que l'horlogerie donne ses produits à si bon compte, qu'il n'est presque pas un ouvrier sur dix qui n'ait une montre en argent ou du moins en maillechort.

HORLOGERIE.

Le cadran ne marquait l'heure qu'au soleil, et dans l'hiver, outre que les jours sont très-courts, le soleil ne paraît pas toujours. On voulait donc avoir l'heure la nuit et en l'absence du soleil. L'horlogerie n'étant pas encore inventée, on fit des clepsydres ou horloges à eau. La première clepsydre dont il soit fait mention dans l'histoire fut inventée par Ctésibius, d'Alexandrie, qui vivait sous les deux premiers Ptolémées. Pline assure que, l'an 595 de Rome, Scipion Nasica fut l'inventeur d'une clepsydre ; mais elle différait de celle de Ctésibius. En 490, Théodoric, roi des Ostrogoths, en envoya une à Goudebaud, roi de Bourgogne ; et vers l'an 809, des ambassadeurs persans en présentèrent une à Charlemagne.

Bien des siècles se passèrent avant qu'on se fût aperçu que les clepsydres donnaient assez mal l'heure, par une infinité de causes. On suppléa à l'eau par du sable très-fin, et l'on voulut appliquer à ces horloges de sable des mécanismes plus ou moins compliqués. Tout cela se passait vers la fin du XVIIe siècle. En France, il est vrai, on ne voyait plus de clepsydres que dans les cabinets des curieux. L'introduction des horloges à roues en fit abolir ou abandonner entièrement l'usage. Il ne faut pas conclure de là que c'est seulement de la fin du XVIIe siècle que datent les horloges à roues ; car elles sont très-anciennes.

Le marquis Maffeï, savant antiquaire, croit qu'elles furent inventées par un Véronais, qui vivait entre le viii° et le ix° siècle. Gerbert, qui de moine et recteur de l'université de Reims devint archevêque de cette ville, puis de Ravenne, et enfin pape en 999 sous le nom de Sylvestre II, avait aussi construit à Magdebourg une grande horloge qui passa pour une merveille.

Près de quatre siècles s'écoulèrent sans que l'horlogerie fît de grands progrès. Ce ne fut qu'en 1382 que Henri de Vic, appelé à Paris par le roi Charles V, fit la première horloge; on la plaça sur la tour du palais qui porte encore le nom de *Tour de l'Horloge.* Ces horloges n'avaient que deux roues, pour le rouage du mouvement et de la sonnerie, et ces roues étaient suffisantes; mais les horloges n'allaient que sept à huit heures, et l'on était obligé de les monter trois ou quatre fois dans les vingt-quatre heures. Le cadran en était mobile; il tournait pour marquer l'heure, et il s'arrêtait devant un point fixe, qui tenait lieu d'aiguilles. L'horloge n'avait non plus ni pendule ni balancier; mais une pièce nommée *foliot* en tenait lieu. Cette pièce portait deux petits poids, qui faisaient avancer ou retarder l'horloge, suivant qu'on les rapprochait ou qu'on les éloignait l'un de l'autre.

Le progrès que firent les mathématiques contribua puissamment au perfectionnement des horloges, et le pendule donna par ses vibrations le moyen de mesurer le temps très-exactement. Ce fut Vincent

Galilée, fils de l'astronome, qui le premier appliqua le pendule à l'horlogerie. Quelque temps après, le P. Mersenne inventa la pièce qu'on nomma cycloïde, parce que c'était une courbe en volute, et Huyghens, qui avait appliqué, après Galilée, le pendule aux horloges, reconnut (1657) que la cycloïde donnerait aux horloges la plus grande perfection. Toutefois, on s'aperçut à la longue que la cycloïde avait des inconvénients, et on fit décrire au pendule de petits arcs de cercle; ce qui rendit l'exécution plus facile, bien qu'aux dépens de l'exactitude; du reste, il fut calculé que la différenee n'était que d'une seconde par 50,000, à peu près une seconde par 14 heures.

Jusque-là les horloges n'avaient marqué le temps que d'après le mouvement moyen du soleil; mais, vers la fin du XVIIe siècle (1698), un religieux de Saint-Maur, le P. Alexandre, présenta à l'Académie des Sciences un projet qui fut approuvé, pour que les horloges suivissent le mouvement apparent. Il inventa même une roue qui n'exécutait un tour entier qu'en 365 jours 48 minutes 58 secondes et 38/49e de seconde. Il paraît que ce religieux s'en tint au seul projet de faire marquer le temps vrai. L'exécution en fut due à MM. de La Hire et Dufay. L'horloger Le Roy ajouta une détente qui faisait sonner le temps vrai, et fit diverses améliorations qui augmentèrent la justesse de ces horloges (1725). Le fils de cet habile artiste voulut rendre encore l'horlogerie plus parfaite; il simplifia les rouages. Vers le même temps, Huyghens appliqua ces horloges aux besoins de la marine.

L'usage des montres ne remonte pas au delà du xviie siècle, bien qu'on ait prétendu qu'elles avaient précédé l'invention des horloges à roues. Sous Louis XIV, la perfection consistait dans la petitesse : on en montait en pendants d'oreilles, on en plaçait dans le chaton d'une bague. Il ne fallut pas longtemps pour que l'abus fût reconnu. L'abbé de Hautefeuille donna aux montres un haut degré de perfection, en modérant par un petit ressort le mouvement du balancier. Huyghens substitua à ce ressort qui était droit un ressort en spirale, ce qui donna aux montres tant de justesse qu'on les appela montres à pendule. Les montres à répétition parurent en Angleterre en 1678, sous le règne de Charles II ; elles ne tardèrent pas à passer en France. Un demi-siècle plus tard, on vit sortir des ateliers de La Tartre fils, à Paris, la montre à équation, qui fit accorder le mouvement irrégulier apparent du soleil avec le mouvement régulier et uniforme.

- L'horlogerie a fait de nouveaux progrès depuis le commencement du xviiie siècle. Les montres à longitude, les horloges astronomiques ont été perfectionnées par M. Bréguet, digne émule de M. Le Roy. M. Perrelet a remporté le prix fondé par Lalande à l'Académie des Sciences, pour l'exécution d'une machine, dite *compteur*, au moyen de laquelle on mesure avec la plus grande exactitude la durée des phénomènes célestes.

POMPES.

Les pompes sont des machines destinées à élever l'eau à une hauteur donnée au-dessus du réservoir qui les renferme. Ce sont des cylindres creux dans lesquels on fait mouvoir de bas en haut et de haut en bas, par le moyen d'une longue tige de métal ou de bois, un tampon qui remplit toute la capacité du cylindre ou corps de pompe; le tampon est désigné par le nom de piston.

Les pompes sont foulantes ou aspirantes; quelques-unes sont foulantes et aspirantes à la fois.

Les pompes foulantes ont deux soupapes, l'une au corps de la pompe, l'autre au piston même. Quand le piston se lève, la soupape du corps de pompe n'étant plus retenue, l'eau entre par l'ouverture. Quand ensuite le piston s'abaisse, l'eau qui est entrée par la soupape de la pompe se trouve pressée; cette pression ferme la soupape; l'eau soulève alors la soupape du piston, et elle passe par-dessus, de sorte qu'à chaque coup de piston l'eau monte dans le corps de pompe jusqu'à ce qu'elle trouve le tuyau de décharge par lequel elle s'échappe.

On construit peu de pompes foulantes de ce genre, parce qu'il faut que le piston soulève une colonne d'eau de la hauteur du corps de pompe; d'ordinaire on pratique au fond du corps de pompe un tuyau d'abord horizontal, puis s'élevant perpendiculairement, et la partie qui forme le coude de ce tuyau est une soupape qui s'ouvre de bas en haut. Quand on fait agir le piston, l'eau qui est au-dessous se trouve poussée dans le tuyau ; elle pousse à son tour la soupape qui lui donne passage. Lorsque le piston remonte, l'eau qui est entrée dans la partie verticale du tuyau, n'étant plus pressée, retombe sur la soupape qui se ferme ; un second coup de piston produit le même résultat ; l'eau s'élève à mesure dans le tuyau.

Le mécanisme de la pompe aspirante consiste dans l'adjonction au corps de pompe d'un tuyau d'aspiration au moyen duquel on opère le vide dans le cylindre, ce qui force l'eau pressée par le poids de l'eau extérieure à monter dans le tuyau d'aspiration ; mais comme au moyen de cette pompe l'eau ne peut monter qu'à la hauteur d'environ trente pieds, on lui préfère la pompe aspirante et foulante à la fois, dans laquelle les deux moyens d'ascension se trouvent ingénieusement combinés.

Les pompes à incendie sont des pompes foulantes, à deux corps et à deux pistons qui, en agissant alternativement, forcent l'eau par une pression continuelle à passer dans un tuyau de cuir assez long, pour arriver, si cela est nécessaire, au faîte des plus hauts édifices, et à répandre l'eau par un jet continu.

Il existe un grand nombre de machines dont le mouvement n'est dû qu'à la rotation d'une roue à laquelle toutes les autres obéissent : cette roue motrice tourne par la chute de l'eau qui tombe sur elle et pousse les aubes ou augets dont sa circonférence est garnie. Les aubes ne sont que des tablettes de planche; les augets sont de petits seaux qui, en se remplissant d'eau, agissent par leur propre poids plus encore que par l'impulsion du courant. Plus il y a d'aubes ou d'augets, plus la roue reçoit de force. La roue à augets doit tourner lentement pour acquérir plus de puissance; si elle tournait trop vite, les augets n'auraient pas le temps de s'emplir.

En 1824, M. Poncelet a obtenu le prix décerné par l'Académie des Sciences pour ses roues hydrauliques à aubes courbes; mais de toutes les machines de ce genre que notre temps a produites, il n'en est pas de plus ingénieuse que le bélier hydraulique, qui fait agir l'eau en quelque sorte contre elle-même, au moyen de la combinaison de plusieurs soupapes. *Voyez* l'article suivant.

BÉLIER HYDRAULIQUE ET BÉLIER DE GUERRE DES ANCIENS.

Cette machine ingénieuse, inventée par le célèbre Montgolfier, force l'eau à monter au-dessus de son niveau par sa propre action. Nous n'entrerons pas dans le détail des parties dont se compose cette machine. Qu'il nous suffise de dire qu'elle consiste principalement en un grand tuyau qui reçoit l'eau qu'on veut élever; que ce tuyau est garni de soupapes intérieures et extérieures dont le jeu alternatif, causé par le courant de l'eau, oblige celle-ci à monter par le tuyau d'ascension. Il faut qu'il y ait assez de vitesse et de force dans le courant pour que le bélier puisse agir; car, s'il n'y avait que peu de vitesse, et par conséquent peu de force, l'eau qui entrerait dans le tuyau s'écoulerait doucement sans rien produire. Il a été au surplus reconnu que les béliers de grande dimension produisent proportionnellement beaucoup moins que les petits, et qu'ils ne sont même pas d'un effet très-sûr. A Lyon, un bélier de 54 millimètres de diamètre (un peu moins de 2 pouces), avec un tuyau d'ascension long de 227 mètres et de 34 mètres de hauteur perpendiculaire, fournit 17 litres d'eau par minute : la source en donne 84 dans le même temps.

Le nom de bélier hydraulique a été donné à cette machine, parce que les soupapes en s'ouvrant et en se fermant produisent un bruit semblable à celui d'un coup de marteau.

Le bélier des anciens était une machine de guerre dont ils se servaient pour abattre les remparts des villes qu'ils assiégeaient, et ses effets n'étaient pas moins terribles que ceux de notre artillerie. Cette machine consistait en une longue et pesante poutre de chêne, dont la tête était armée de fer; on donnait ordinairement à ce fer la forme d'une tête de bélier. La poutre, suspendue à des chaînes ou à des câbles, pouvait recevoir un mouvement de va - et-vient; et c'était dans ce mouvement que le bélier frappait la muraille, où la brèche ne tardait pas à se former. Pour faire mouvoir cette poutre, il fallait les efforts réunis d'une centaine d'hommes. Quelquefois, au lieu d'être suspendue, la poutre portait sur des roues. Pour faire approcher le bélier des murailles, les assiégeants construisaient une galerie en charpente solidement blindée et recouverte de terre et de peaux mouillées pour la garantir des projectiles incendiaires des assiégés; sous ce blindage, les travailleurs se trouvaient à l'abri. Le bélier était quelquefois enfermé dans une tour portée sur des roues placées dans l'intérieur. Ces tours, qui s'élevaient à 40 ou 50 mètres, se composaient de trois étages. Le bélier occupait le premier étage. A celui du milieu il y avait, à la hauteur des remparts ennemis, un pont-levis qui s'abaissait sur le parapet. L'étage supérieur renfermait des archers et des frondeurs habiles qui, tirant sans cesse sur les remparts, rendaient plus facile l'attaque par le pont-levis.

Les assiégés, de leur côté, ne négligeaient rien pour résister à l'action du bélier, ou pour démonter ces machines destructives. Ils opposaient au bélier des sacs de paille, des fascines, des matelas; ou bien, avec des crocs de fer attachés à de forts câbles, ils tâchaient de saisir la tête du bélier à l'instant où elle sortait de la tour ou de la galerie couverte. Quelquefois aussi les assiégés pratiquaient des galeries souterraines qui aboutissaient sous les tours; ils minaient le terrain qui supportait ces masses, qu'ils soutenaient provisoirement par des solives droites auxquelles ils mettaient ensuite le feu, ce qui amenait l'éboulement du terrain et la chute des tours. On voit par cet exemple que l'art de tuer les hommes

et de détruire leurs villes n'avait pas attendu pour
se former la découverte de la poudre.

ART MILITAIRE. — ARC, ARQUEBUSE, FUSIL, ETC.

Nous ne parlons pas ici de cet art militaire que les
Grecs appelaient tactique, et qui en constituait la
partie scientifique ; nous devons nous borner à sa
partie industrielle ; encore ne pouvons-nous en dire
que quelques mots.

En parlant des armés des Américains, de l'arc,
des flèches, des massues, nous avons fait en quelque
sorte l'histoire de tous les anciens peuples ; tous ont
commencé de même. Mais il n'avait pas suffi d'armer
les soldats ; il fallait en temps de guerre les mettre à
l'abri des injures de l'air. Ce fut Pyrrhus, roi d'Épire,
qui, dans ses guerres avec les Romains, fit usage des
tentes ; les Romains apprirent de lui à camper.

Nous n'entrerons pas dans le détail de toutes les
armes, tant offensives que défensives, dont les anciens firent usage, soit dans les batailles, soit pour
l'attaque et la défense des places. Ajoutez à l'arc les
javelots, les épées, les piques, les lances ; ajoutez au
bélier la catapulte ou baliste, avec laquelle on lançait des projectiles, les matières incendiaires qu'on
projetait du haut des remparts, etc., et vous aurez
l'histoire de l'art militaire en ce qui concerne la
fabrication des armes, jusqu'au moment où l'invention de la poudre est venue opérer une révolution
complète.

Mais il fallut bien du temps avant qu'on eût trouvé les moyens de faire une application convenable de ce nouveau moyen de destruction. Il fallut d'abord inventer des machines nouvelles, et l'on commença par la grosse artillerie; car on s'est longtemps encore servi d'arcs et d'arbalètes après qu'on eut des canons. L'arbalète était un arc fixé par son centre à un chevalet de bois. Comme cet arc était très-fort, on avait besoin des deux mains pour le bander, quelquefois même des deux pieds ou d'un crochet en fer. La corde était arrêtée à l'échancrure d'une roue d'acier qu'on appelait *noix de l'arbalète,* placée vers le milieu de la longueur du chevalet. On faisait partir la flèche en poussant un bouton qui chassait la noix. Il y avait des arbalètes si fortes qu'il fallait plusieurs hommes pour les servir; c'étaient des arbalètes de remparts, de petites catapultes ou balistes. On se servait encore d'arbalètes au temps de François Ier; il avait à la bataille de Marignan une compagnie de deux cents arbalétriers qui fit beaucoup de mal à l'ennemi.

Quant à l'arc proprement dit, il est probablement, après le bâton, la massue et la fronde, l'arme la plus ancienne dont les hommes se soient servis. Les Grecs, les Romains, les Parthes surtout, le maniaient avec beaucoup d'adresse. Au reste, avant que les Grecs fussent devenus une nation policée, l'arc était en usage. Ismaël, Ésaü étaient habiles tireurs; l'arc était aussi l'arme du Ramah des Indous, et celle des Éthiopiens, descendants de Chus. On lit dans les historiens d'Alexandre que les arcs des Indiens avaient 6 pieds de long, et que leurs flèches étaient lancées avec tant de force qu'elles traversaient les meilleures cuirasses. Beaucoup de peuples de l'Asie et d'insulaires de la mer du Sud conservent encore l'arc et les flèches ; le Chinois stationnaire s'en sert depuis trois mille ans. Les Baskirs, qu'on a vus à Paris en 1814 à la suite des Russes, sont armés d'arcs et de flèches ; tous les peuples du Nord ont les mêmes armes. Les Germains, les Goths, les Francs, dédaignèrent d'abord cette arme, qu'ils virent aux mains des Gaulois et des Bretons ; ils finirent pourtant par avoir des compagnies d'archers. Dans le moyen âge, les archers anglais passaient pour les meilleurs de l'Europe. Ce furent eux qui gagnèrent les batailles mémorables de Crécy et de Poitiers. Charles VII forma des compagnies de *francs archers*, tous gens d'élite ; mais, en 1468, elles furent supprimées par Louis XI. Les Anglais ont eu encore des archers au commencement du XVIIe siècle, et les montagnards écossais continuent de se servir de l'arc. Quant aux flèches, les unes étaient simplement pointues, d'autres dentelées ou à fer recourbé ; en général, on cherchait toujours ce qui pouvait faire le plus de mal à l'ennemi. Le seul avantage des Européens sur les sauvages, c'est de n'avoir pas empoisonné leurs traits. Bien des gens prétendent que l'arbalète et la flèche seraient bien plus meurtrières que le fusil, si l'on n'avait imaginé d'armer celui-ci de la baïonnette.

L'arquebuse a précédé le fusil. Elle consistait en un tube de fer de la longueur d'un fusil ordinaire, monté sur un long bâton. Il paraît que les premières arquebuses ont paru en 1524, à l'armée impériale commandée par le connétable de Bourbon, l'un des meilleurs capitaines de son temps, et dont l'injustice de François Ier avait fait par malheur un rebelle. Cependant, d'après le P. Daniel, on avait vu des arquebuses en France sous le règne de Louis XII. Quoi qu'il en soit, ces premières arquebuses étaient si lourdes, qu'il fallait deux hommes pour s'en servir ; encore fallait-il, pour tirer, l'appuyer sur un bâton fourchu, dont l'extrémité inférieure posait sur le sol. C'était l'arquebuse *à forquine*. La forme de cette arme, du reste, a souvent changé : on a eu l'arquebuse *à croc,* l'arquebuse *à mèche, à serpentine, à rouet.* Il est vrai que tous ces changements ne concernaient jamais que la manière de mettre le feu à la poudre, et que l'arme fut toujours la même.

L'introduction des armes à feu rendit à peu près inutiles les armures dont se couvraient les anciens chevaliers, casques, visières, cuirasses, épaulettes, brassards, gantelets, etc. Pour se garantir des balles d'arquebuse ou de mousquet, il aurait fallu se couvrir d'un triple airain. La profession d'armurier dut alors se diviser en deux branches. L'armurier proprement dit continua de fabriquer les armes blanches, et l'arquebusier se borna à l'ajustement des armes à feu. Nous disons *ajustement,* parce qu'en réalité les arquebusiers, encore aujourd'hui, ne sont que des ajusteurs, qui se bornent à monter dans l'ordre convenable les diverses pièces dont se compose une arme à feu, pièces qui, avant d'arriver jusqu'à eux, ont passé par les mains de vingt ouvriers différents. Les ouvriers de Paris et de Versailles ont longtemps passé pour les plus habiles, tant pour l'ajustement que pour la fabrication. Ceux de Saint-Étienne ont atteint, pour l'ajustement, le même degré de perfection ; quant à la fabrication, leur supériorité est aujourd'hui incontestable.

Le fusil a remplacé l'arquebuse et le mousquet. Nous ne le décrirons pas. Nous nous bornerons à dire qu'il a subi plusieurs changements dans la forme et la nature de sa batterie, changements auxquels on ne sait si l'on peut appliquer encore le nom d'améliorations.

FUSIL A VENT.

Depuis que la force élastique de l'air et sa compressibilité sont connues, on a voulu en tirer parti ; mais ce qui ne fut d'abord qu'un projet d'expérience physique, finit par produire une arme aujourd'hui justement prohibée, parce qu'elle serait extrêmement dangereuse en des mains suspectes. Nous voulons parler du fusil à vent. C'est un canon de fusil auquel est adaptée une pompe foulante. On comprime l'air dans la partie inférieure du tube, et l'on place une balle dans le fusil. Quand, au moyen d'une soupape, on laisse échapper l'air, celui-ci, en se dilatant, ou, pour mieux dire, en reprenant son état naturel, chasse la balle avec une force et une vitesse qui le cèdent à peine à celles de la poudre à canon.

ARTILLERIE.

Attirail de guerre composé de canons, de mortiers, d'obusiers, de caissons, de munitions, de bombes, etc.; corps de troupes uniquement destinées au service des bouches à feu; ouvriers, artisans, trains de chevaux, de chariots et d'affûts; science de l'officier et du soldat, consistant dans l'art de construire les machines de guerre et de les diriger soit dans les batailles, soit dans l'attaque et la défense des places. Ce mot comprenait autrefois tous les instruments de guerre qui existaient, catapultes, balistes, béliers, etc. Il y a eu en France des grands maîtres d'artillerie dès le XIIIe siècle, longtemps avant qu'on se servît de la poudre à canon.

L'artillerie, telle que nous l'entendons aujourd'hui, n'a commencé d'être en usage que dans le XIVe siècle. Le P. Daniel prétend qu'on employa des canons en 1338, au siége de Puy-Guillaume. On lit dans d'anciennes chroniques, qu'à la funeste bataille de Crécy (1346), ce furent six canons des Anglais qui mirent le désordre dans l'armée française. En 1343, les Maures d'Algésiras, assiégés par Alphonse, firent usage de machines qui, à la suite d'une explosion violente et de détonation, lançaient des projectiles à une grande distance.

Les premiers canons furent en bois et reliés en

fer ; plus tard on les fit en tôle avec des bandes de fer retenues par des cercles et des cordages. Ce ne fut qu'au xve siècle qu'on connut l'art de fondre. On dit que Louis XI fit fondre un canon dont le boulet pesait 500 livres, ce qui probablement est très-exagéré. Ce qui est mieux avéré, c'est qu'en 1491 Charles VIII, son fils, eut de l'artillerie en bronze, traînée par des chevaux. Quant aux mortiers et aux bombes, ils ne datent que de la seconde moitié du xvie siècle. Les Allemands disputent aux Français l'honneur de la découverte. L'artillerie de campagne fut mise en usage par le roi de Suède, Gustave-Adolphe. Louis XIV suivit de près cet exemple, et les autres souverains de l'Europe l'imitèrent.

PYROTECHNIE.

On entend par ce mot l'art de fabriquer la poudre à canon, les artifices de guerre, tels que bombes et grenades, et ce qu'on entend vulgairement par feux d'artifice.

Les anciens eurent leur pyrotechnie, qui consistait dans l'art des signaux et dans l'emploi des machines à feu. On lit dans Eschyle qu'Agamemnon annonça par des signaux ou des feux la prise de Troie à Clytemnestre, sa femme. La manière dont ces signaux se faisaient était trop simple pour être d'une grande utilité ; plusieurs individus travaillèrent à la perfectionner. Polybe en donne la description, et Jules César s'en servit dans la guerre des Gaules.

Leurs machines à feu consistaient en dards et en flé-
ches, garnis de matières combustibles, qu'on lançait avec des balistes, ou même à la main, sur les
tours en bois qui renfermaient les béliers. On prépa-
rait aussi des barils ou des pots pleins de suif, de
résine, de poix, qu'on lançait du haut des murs,
après y avoir mis le feu, sur les ouvrages des assiégeants.

On sait encore que les anciens avaient leur feu
grégeois, dont les effets ont été mille fois décrits,
mais dont la composition n'est pas connue. On dit
qu'il fût inventé par Callinicus, sous l'empereur
Constantin Pogonat, et que les Grecs s'en servirent
pour brûler la flotte des Mahométans, qui était venue
bloquer Constantinople.

L'invention de la poudre, qui devait produire un
renversement total dans la tactique militaire, ne
fut connue en Europe que dans le xive ou tout au
plus dans le xiiie siècle. Nous disons en Europe;
car il paraît avéré que les Chinois la connaissaient
depuis plusieurs siècles, et il est probable que c'est
de ce peuple, avec lequel ils eurent jadis des com-
munications, que les Arabes, qui en firent plusieurs
fois usage en Espagne, dans le cours du xiiie siècle,
en avaient appris la composition. L'opinion com-
mune, en Europe, attribue cette découverte à un
moine allemand, nommé Berthold Schwartz, qui,
travaillant à des combinaisons chimiques, trouva ce
qu'il ne cherchait pas, c'est-à-dire une matière émi-
nemment inflammable, produite par un mélange de

salpêtre, de soufre et de charbon. D'autres ont prétendu que déjà depuis un siècle la poudre à canon était connue d'un autre moine, Roger Bacon, qui dans son livre des *Secrets de la nature et de l'art,* chap. 6, dit formellement qu'on peut produire dans l'air des bruits plus éclatants que celui du tonnerre, et qu'avec une certaine matière (qu'il a désignée d'une manière fort obscure, il est vrai, dans son deuxième chapitre), on peut renverser une ville et anéantir une armée. Bacon mourut en 1284, et la découverte réelle ou prétendue de Schwartz ne remonte qu'à l'an 1369. Les Vénitiens et les Génois en firent usage dès l'an 1380.

L'art de renverser les plus solides remparts suivit de près l'invention de la poudre. L'Espagnol Pierre Navarre inventa les mines, et fit l'essai de ce nouvel art au siége d'un château du royaume de Naples; une partie du rempart sauta, et les assiégeants entrèrent par l'immense brèche. Après l'an 1512, François Ier attacha à son service cet inventeur.

Les feux d'artifice sont destinés à la guerre ou aux réjouissances publiques. Le soufre, le charbon, le salpêtre, le camphre, le bitume, les esprits, la limaille, etc., sont la matière ordinaire de ces feux. Les pétards, les bombes à feu, les grenades, les obus, etc., forment la première classe; les fusées, les serpenteaux, les soleils, les jeux de couleur, etc., appartiennent à la seconde classe. Les artifices de guerre sont confectionnés par des soldats qu'on nomme artificiers. Les feux d'artifice proprement dits sont l'ouvrage d'une classe d'artistes que l'Italie a fournis à presque toute l'Europe. Le Modénois Vigurini, qui fut chargé des feux tirés à Versailles en 1664, se fit une très-grande réputation par son habileté. Il n'a été égalé que par les sieurs Ruggieri, qui parurent en France au commencement du XVIIIe siècle, et dont les descendants continuent encore aujourd'hui de faire l'admiration du public parisien par les feux merveilleux qu'ils composent pour les fêtes nationales. Ce sont des façades de palais, des inscriptions, des pyramides, des châteaux qu'on assiége et qui se défendent, des gerbes, des couronnes, des fusées sans nombre, des feux diversement colorés, des étoiles filantes, etc., et, pour terminer, un bouquet où brillent à la fois tous les feux du soleil. Mais comment décrire ce qui n'a qu'un éclair d'existence ?

TÉLÉGRAPHE.

Nous ne dirons que peu de mots sur les télégraphes. Il n'est personne en France qui ne connaisse ces ingénieuses machines, dont les deux bras par leurs mouvements divers expriment des mots convenus, transmettant ainsi au gouvernement avec une étonnante rapidité les nouvelles qu'il lui importe de connaître promptement. Cet utile instrument fut inventé par Chappe d'Hauteroche ; d'abord on rit de l'invention, comme cela arrive souvent en France pour les choses même les plus utiles ; mais on ne tarda pas à reconnaître tous les services qu'on pouvait en retirer, et l'on s'appliqua de bonne heure à perfectionner les procédés de l'inventeur. Des lignes télégraphiques ont été établies de Paris aux principales villes de France dans toutes les directions.

Les télégraphes anglais n'ont pas la même forme qu'en France : au lieu de bras, ils offrent six pièces de bois, comme des volets de croisée, qu'on met en mouvement par le moyen de cordes. Ces six planches produisent soixante-trois signaux différents qui représentent les dix doigts des mains, les lettres de l'alphabet, plusieurs termes généraux, et les nombres qu'on peut exprimer au moyen des doigts. Ceux qui servent ces télégraphes ne regardent que de cinq en cinq minutes pour voir si on leur fait le signal de se tenir prêts. Dans le cas où ce signal a lieu, ils se placent aux télescopes.

L'industrie est comme la science ; elle cherche le progrès. On a fait dans ces derniers temps (1844) des télégraphes électriques. Ce sont des poteaux placés de distance en distance, et supportant un fil de fer conducteur, qui, du lieu d'où part la nouvelle, aboutit au lieu où elle est reçue, et la fait parvenir avec la rapidité de l'éclair. Tous les essais faits jusqu'à ce jour ont parfaitement réussi.

Il y a quelques années, on avait établi à Paris un télégraphe de nuit ; les bras du télégraphe étaient garnis de lanternes. Ces télégraphes avaient été établis, dit-on, par une compagnie de négociants ; l'u-

6*

sage en a été défendu par mesure de police et d'intérêt public.

STÉNOGRAPHIE, OU TACHYGRAPHIE.

La sténographie, c'est-à-dire l'art d'écrire par abréviations aussi vite que l'on parle, existe depuis bien des siècles. L'historien Dion en attribue l'invention à Mécène, favori d'Auguste. Saint Jérôme, qui en parle, croit avec plus de fondement que l'art d'écrire en notes ou abréviations fut inventé par Tiron, affranchi de Cicéron, qui l'employa toujours à écrire ses harangues. Au reste, Tiron vivait encore quand Mécène mourut. Suétone, parlant de Jules César, peut être cité en faveur de l'opinion de saint Jérôme ; car il dit que les harangues de César et principalement son oraison pour Métellus avaient été si négligemment recueillis par les copistes, qu'Auguste prétendait qu'elles n'étaient pas reconnaissables ; et probablement Mécène, soit pour complaire à son maître, soit par son ordre, favorisa autant qu'il le put l'art décrire ces notes et ceux qui l'exerçaient.

Ce fut en effet sous le règne d'Auguste que les écrivains par notes prirent ou reçurent le nom d'*actuarii*, parce qu'ils rédigeaient tous les actes publics. Le nombre des actuaires, qu'on appelait aussi *notaires*, augmenta considérablement sous les successeurs d'Auguste ; et leur profession, recevant chaque jour des attributions nouvelles, finit par devenir honorable et en même temps lucrative. Ils écrivaient les dépositions des témoins, les procédures judiciaires, les délibérations du sénat, et ils le faisaient si fidèlement et avec tant d'exactitude, que leurs actes offraient mot pour mot les mêmes paroles qui avaient été prononcées par les avocats et par les juges.

Le rang des notaires était réglé suivant la nature des fonctions qu'ils remplissaient et la qualité de ceux auprès de qui ils les exerçaient. Ceux de l'empereur avaient la première place ; venaient ensuite ceux des consuls et des proconsuls, des préfets, des juges, etc. C'est à ces notaires que nous devons les *Actes des Martyrs* ; ce sont des procès-verbaux de tortures, d'interrogatoires et de supplices ; et ces actes sont authentiques, d'abord par la qualité de ceux qui les écrivaient, ensuite parce qu'ils étaient écrits au fur et à mesure de l'exécution et qu'ils ne devaient omettre aucune circonstance.

Les évêques se servaient aussi des actuaires pour écrire leurs lettres pastorales et pour rédiger les actes des conciles. Les orateurs, les professeurs, les historiens, etc., ne pouvaient pas se passer d'actuaires. Ordinairement c'étaient leurs propres affranchis. Pline l'Ancien, dans ses voyages, avait toujours auprès de lui ses tablettes et son notaire. Origène, dont l'imagination était inépuisable, avait jusqu'à sept notaires qui se relevaient continuellement pour écrire sous sa dictée.

Ammien Marcellin dit que cet art était si commun que les filles mêmes l'apprenaient. L'empereur Titus, dit Suétone, prenait plaisir à sténographier, lorsqu'il était encore jeune.

L'art des actuaires se complétait par celui des *antiquaires* ou *libraires*. On appelait ainsi ceux qui transcrivaient en belle écriture courante les écrits des premiers.

Après la chute de l'empire romain, renversé par les barbares du Nord, l'art d'écrire en abréviation fut d'abord négligé et bientôt après abandonné. A quoi aurait-il servi, quand il n'y avait plus ni orateur ni tribune publique ? Ce ne fut guère qu'après la renaissance des lettres et vers la fin du XVIe siècle qu'il fut de nouveau question de cet art. Alde Manuce, fils de Paul, fit même un traité spécial des notes ou abréviations des anciens.

Dans le XVIIIe siècle, et principalement à l'époque de la révolution, on fit revivre l'art d'écrire en abréviations. Ce n'était que par le secours des tachygraphes qu'on pouvait répéter mot à mot les discours de la tribune, surtout s'ils étaient improvisés. Depuis cette époque l'art a fait des progrès, et l'on est convenu de certains signes qui équivalent à des mots ou à des portions de mots. L'ancienne méthode consistait à mettre les mots en abrégé ; elle pouvait être moins expéditive, mais elle était peut-être plus exacte. Le mot tachygraphie s'est formé de deux mots grecs : *tachus*, rapide, et *graphein*, écrire.

POLIGRAPHIE.

Les Égyptiens, outre leur écriture vulgaire, avaient les hiéroglyphes, sous lesquels se cachaient les mystères dont la connaissance était interdite au peuple. Les Chinois ont aussi écrit, ils écrivent encore par signes ou caractères particuliers qui expriment chacun un mot. On compte, dit-on, quatre-vingt mille caractères, dont les lettrés eux-mêmes ne connaissent qu'une partie; aussi regarde-t-on comme savant celui qui sait lire couramment. Les Européens n'ont écrit ni par signes ni par hiéroglyphes; mais ils ont cru qu'il leur convenait, dans l'occasion, d'avoir une manière secrète d'écrire qui permît de dérober aux autres la connaissance de ce qu'on écrivait confidentiellement à quelqu'un, dans le cas où la lettre viendrait à se perdre ou à être interceptée. C'est ce qu'on appelle *poligraphie*, du grec *poléo*, je renverse, j'intervertis, et de *grapho*, j'écris, parce que l'usage était de se servir des lettres renversées de l'alphabet; de sorte que chaque lettre, voyelle ou consonne, était représentée par une autre lettre, par exemple l'*a* par *o*, l'*o* par *e*, l'*e* par *i*, etc. Dans la suite, on abandonna les lettres pour adopter les chiffres, et ce fut surtout cette manière d'écrire qu'on désigna par le nom de *poligraphie*.

Cet art fut connu des Grecs et des Romains; il le fut même, dit-on, des Normands, qui l'employèrent lorsqu'ils envahirent la Gaule au ixe siècle. Oublié ensuite pendant longtemps, il prit faveur à la renaissance des lettres; et alors on chercha à inventer des procédés nouveaux. L'abbé de Saint-Jacques de Wirtzbourg, Jean de Heddelberg, qui se rendit fameux sous le nom de *Trithème*, publia deux traités spéciaux sur la *Sténographie*, ou l'*Art d'écrire en chiffres*, et la *Poligraphie*, ou l'*Art d'écrire par notes ou abréviations*. Sa sténographie eut même l'honneur d'être commentée par le duc de Brunswick-Lunebourg, qui, suivant l'usage du temps, prit le pseudonyme de Gustave Sélénus.

On sent que, pour se faire une écriture secrète, il ne faut pas de grands efforts de génie : il ne faut qu'attribuer à des lettres, à des chiffres, à d'autres figures, un sens convenu et connu de la personne à laquelle l'écrit s'adresse. Ce qui était réellement difficile, c'était de déchiffrer les écritures dont le chiffre n'était pas connu. Les Allemands, les Anglais surtout, s'adonnèrent à l'art de déchiffrer. On citait comme une merveille le talent particulier de Jean Wallis, professeur de mathématiques à Oxford, et d'Antoine-Marie Caspi, secrétaire du duc de Toscane. L'un et l'autre venaient facilement à bout de lire toutes les écritures chiffrées. Ils furent égalés ou même surpassés par François Viète, qui, au temps de la Ligue, déchiffrait très-habilement toutes les lettres interceptées des Espagnols. Au commencement du xviie siècle, un maître des comptes, nommé Rossignol, n'avait pas trouvé d'écriture qu'il ne pût lire couramment. Il fut employé souvent par le cardinal de Richelieu.

MÉTALLURGIE.

L'usage des métaux date des premiers âges. Ce fut Tubalcaïn, dit Moïse, qui forgea le fer et le convertit en instrument d'agriculture. Nemrod, qui fit de la chasse l'occupation de sa jeunesse, lit-on encore dans la Genèse, se servit contre les animaux de l'arc et des flèches, que plus tard, dans son désir effréné de domination, il dirigea contre les hommes. De tous les métaux, le fer était le plus abondant et le plus aisé à trouver; et, d'une part, la nécessité de cultiver la terre, pour en tirer du pain *à la sueur de son front;* de l'autre, le besoin de se défendre avec succès contre les attaques des bêtes féroces, durent forcer l'homme à chercher les moyens de fabriquer des armes et des instruments de labour, et d'employer pour cela ce métal que la nature mettait sous sa main. L'homme dut pareillement songer à bâtir des cabanes, des chaumières ou des maisons pour se garantir des injures de l'air. Il lui fallut des outils pour couper des arbres et tailler des pierres : il les trouva dans le fer.

On prétend, et l'on a dit de tout temps que la découverte de l'or avait succédé à celle du fer. « Ce serait en vain, s'écrie Cicéron (*De Divin.* L. I, n°. 116), que la Divinité aurait produit l'or et l'argent, si elle n'avait enseigné aux hommes de quelle manière ils arriveraient aux veines qui les renferment. » *Aurum et argentum*... *frustra natura divina genuisset, nisi eadem docuisset quemadmodum ad eorum venas perveniretur.* De tous les métaux que les anciens ont connus, l'or était le plus compacte, le plus facile à séparer de tout alliage, le plus ductile et le moins corruptible. La Providence ne laissa pas ignorer aux hommes les qualités précieuses de ce métal, qui devint le signe représentatif de toutes les valeurs. L'or et l'argent bientôt après se donnèrent en échange et en paiement, d'abord au poids, ensuite en très-petits lingots, plus tard en flans marqués d'une empreinte connue.

Ces flans ou ces lingots constituaient une sorte de monnaie sous divers noms. Moïse nous apprend qu'Abraham compta 400 sicles aux enfants d'Heth pour l'acquisition de leur champ. Il nous apprend aussi que déjà, dans ce temps reculé, l'on s'employait à fabriquer des bijoux et des ornements, puisque Éliézer donna des bracelets d'or et des pendants d'oreilles du même métal à la jeune Rebecca. Il semble donc que les Israélites savaient déjà tirer parti de l'or quand ils allèrent s'établir en Égypte, et qu'en ce pays, séjour des arts, ils se fortifièrent dans la métallurgie, puisqu'au milieu du désert ils fabriquèrent le veau d'or. Ce dont on ne peut douter, c'est que Moïse ne fût de son côté très-habile dans cet art, puisqu'il brûla cette idole qu'il réduisit en poudre impalpable. Les progrès de la métallurgie chez les Hébreux furent surtout sensibles sous les règnes de David et de Salomon, qui trouvèrent dans l'Arabie, la Perse et l'Inde des richesses immenses.

Les Égyptiens tiraient l'or des montagnes voisines de Thèbes. Les Tyriens, qui n'abhorraient pas la mer comme les Égyptiens, parcouraient en tout sens la Méditerranée ; ils abordèrent en Espagne, y découvrirent ce métal que les naturels eux-mêmes ne connaissaient pas, et léguèrent leur découverte aux Carthaginois. Les Grecs exploitèrent leurs mines d'argent ; la Macédoine, la Thessalie, fournirent aussi de l'or. Les Romains, qui, sous leurs empereurs, n'aspirèrent à de nouvelles conquêtes que pour satisfaire leur insatiable cupidité, dépouillèrent la Gaule, la Germanie, la Grande-Bretagne, l'Illyrie, la Sardaigne et l'Espagne.

Pline le naturaliste est entré dans de grands détails sur les lieux d'où on tire l'or, et sur les procédés dont on fait usage pour le séparer des matières étrangères. C'était d'abord le lavage, et ensuite l'épuration par le feu. Les anciens désignaient par le nom de métaux, *metalla*, tous les minéraux et tous les fossiles, dont ils indiquaient très-bien d'ailleurs les différentes propriétés. Toutefois, malgré leur science, ils étaient bien inférieurs sur ce point aux modernes : ils ne séparaient les métaux qu'imparfaitement. Aujourd'hui, on les force à s'isoler les uns des autres par le contact de certaines substances métalliques, qui, par leurs affinités exclusives avec certains métaux, s'attachent à eux et les séparent de l'amalgame dont ils faisaient partie.

Les métaux précieux, c'est-à-dire l'or et l'argent, sont à peu près tous extraits de l'Amérique ; le vieux continent ne fournit guère que le plomb, le fer et le cuivre. Mais, outre les métaux que donne la nature, les hommes en ont, pour ainsi dire, créé de nouveaux par le moyen de l'alliage, et il est à observer que ces métaux d'amalgame sont plus dociles que les métaux dont ils se composent, et qu'ils prennent facilement toutes les formes qu'on veut leur donner. C'est par l'alliage du plomb et de l'étain qu'on est parvenu à fabriquer les meilleurs tuyaux d'orgue et les caractères d'imprimerie. Le cuivre en fusion, mêlé avec la calamine, donne le laiton, qu'on peut couler dans les moules pour en faire des statues, des lampes, des ornements de tout genre ; car cet alliage rend le cuivre susceptible de recevoir tous les traits qu'on veut lui imprimer ; c'est en laiton qu'on fabrique les instruments de mathématiques. Si ensuite on mêle le laiton et le cuivre à portions égales, on obtient le bronze, qui sert à faire les médailles. En ajoutant au bronze un peu d'étain et d'antimoine, on produit un métal nouveau, l'airain, dont on fond les canons, les mortiers, les obusiers, etc. Si on double la dose de l'étain, le métal devenu plus sonore sert à faire les cloches.

Ce que les métaux reçoivent de l'alliage, le fer le tient de la préparation qu'on lui fait subir ; transformé en acier, il devient élastique, flexible, et on l'emploie à une infinité d'usages, pour lesquels tout autre métal serait absolument impropre.

L'ancienne chimie s'occupa spécialement des métaux. En 1655, Borel comptait quatre mille chimistes ; ils bornaient leurs travaux à la manipulation des métaux, qu'ils cherchaient les moyens de transformer en or. Ils ne pouvaient réussir ; mais tout en cherchant ce qu'il leur était défendu de trouver, ils firent plusieurs découvertes utiles : l'amalgamation de l'or pour les doreurs, l'or fulminant, la pierre infernale, caustique perpétuel, le bismuth artificiel, le safran de mars, les sels d'étain et de plomb, le régule d'antimoine, etc. Mais il n'était guère possible que tant de recherches ne conduisissent pas quelquefois à l'erreur ; car à marcher dans des routes inconnues on court risque de s'égarer. M. de Tournefort, botaniste célèbre, voulut établir la végétation des métaux, comme celle des plantes. Il avait été d'abord séduit par l'arbre métallique ou de Diane, et par l'aspect des filons de métal dans la terre, lesquels se présentent quelquefois sortant d'un tronc commun comme les branches d'un arbre. Cette idée semblait assez conforme à la simplicité uniforme des opérations de la nature ; l'expérience en eut bientôt démontré le peu de fondement. On cita l'exemple de mines épuisées, qui donnaient au bout de dix ans de repos une grande quantité de fer.

La métallurgie, c'est-à-dire l'art d'extraire le métal des mines et de le travailler, a fait depuis le XVIIe siècle de très-grands progrès. L'orfévrerie et la serrurerie seules offrent de véritables chefs-d'œuvre, dont la nomenclature serait assez longue pour remplir un volume. Que serait-ce s'il fallait y ajouter tous les arts qui se servent des métaux ? Obligé sans cesse de nous restreindre, nous ne pouvons souvent que faire une mention rapide des conquêtes de l'industrie humaine.

ALCHIMIE.

Il était difficile à des hommes qui s'occupaient exclusivement des métaux, et qui, travaillant sur eux à grands frais, avec un zèle infatigable et une constance de plusieurs années consécutives, avaient fait dans le cours de leurs travaux des découvertes extraordinaires, de ne pas s'égarer à la fin dans les nuageuses illusions de l'alchimie. Les Arabes avaient répandu l'opinion que la nature tendait uniquement dans les mines à faire de l'or, et que si elle produisait d'autres métaux, c'était uniquement parce qu'elle avait rencontré des obstacles insurmontables dans la qualité ou les accidents du terrain. Ils imaginèrent qu'on pouvait terminer ce que la nature avait ébauché, et que cette gloire leur était réservée ; ils se mirent donc à travailler au *grand œuvre*.

La cupidité fut toujours le vice dominant des hommes, depuis les temps les plus reculés. Changer le fer, le cuivre en or, c'était plus que la fortune ; car la fortune est inconstante, au lieu que le secret de la transmutation, une fois connu, ouvrait à l'heureux artisan qui l'aurait trouvé une source permanente de richesses. L'embarras, c'était de le découvrir. Comment fallait-il s'y prendre ? Quelle route suivre ?

On ne pouvait aller que de tâtonnements en tâtonnements. Aussi les uns soumettaient-ils à une chaleur
excessive les métaux qu'ils voulaient transformer;
d'autres les mêlaient avec des substances propres à
épurer ; d'autres encore les mettaient à digérer dans
des spiritueux , comptant ainsi pouvoir imiter la chaleur dont se sert la nature , et tirer ensuite de ces
métaux par la putéfraction un mercure propre à
devenir de l'or. Quelques-uns ont cherché la se-
mence de l'or, sa matière première , non-seulement
dans les minéraux , mais encore dans les végétaux
et les animaux.

Les savants, les physiciens, les chimistes furent
partagés autrefois sur la question du grand œuvre ,
ou de la transmutation des métaux en or. Les uns
ont soutenu que c'était une chose impossible. Celui
qui a créé les métaux , disaient-ils, tout en nous
faisant connaître leur utilité, nous a caché le moyen
qu'il a mis en usage pour les former. Il en a d'ailleurs réglé la quantité sur nos besoins, et ce serait
détruire l'ordre qu'il a établi que de vouloir rendre
communs des métaux qu'il a voulu créer peu abon-
dants. Quelques-uns se bornaient à exprimer des
doutes ; ils ne niaient pas , mais ils n'affirmaient pas.
Ceux-ci se fondaient sur ce que nous ne connaissons
pas la composition naturelle de l'or ; et cette connaissance serait nécessaire , indispensable même,
pour fonder les principes de la transmutation. D'un
autre côté, on a allégué plusieurs cas de transmutation. On lit dans Becker , que l'empereur Ferdi-

nand III changea trois livres d'argent vif en deux livres et demie d'or très-pur. Il ajoute qu'on fabriqua de cet or une médaille, sous date du 15 janvier 1648. Et là-dessus on crie au prodige !

Mais personne aujourd'hui ne doute que des faits de ce genre ne soient une fourberie, exécutée avec plus ou moins d'adresse. Ferdinand III s'était follement entiché d'alchimie et de pierre philosophale : on voulut le satisfaire, et lui laisser croire qu'il avait fait de l'or. Au reste ce même Becker, qui rapporte cette anecdote, en raconte une autre où il a été acteur lui-même. Il a fait de l'or en Hollande, en présence des commissaires nommés à cet effet par les États, et son opération réussit merveilleusement. C'est lui qui le dit. Nous nous souvenons d'avoir lu qu'un homme s'annonça comme faisant de l'or. Il n'employait pour cela qu'une certaine terre, dont lui seul connaissait le gisement. Il fit des dupes, qui promirent d'acheter son secret si réellement il tirait de l'or de la terre qu'il irait chercher. A son retour, il mit la terre dans le creuset, et l'opération réussit parfaitement : il avait mêlé de l'or en poudre à la terre.

PRODUIT DES MINES DE L'AMÉRIQUE ET EN PARTICULIER DE CELLES DU POTOSI.

Il est bien difficile d'évaluer au juste quel a été le produit des mines de l'Amérique depuis la conquête, c'est-à-dire depuis environ 350 ans; mais on ne saurait errer en disant que ce produit est immense, et bien certainement supérieur de beaucoup à ce que le gouvernement espagnol a bien voulu avouer. On sait que, dans les premiers soixante ans d'exploitation, les seules mines du Brésil avaient donné plus de 120 millions de livres sterling (3 milliards de francs). C'est là du moins ce qui résulte de calculs de l'amiral Anson; d'autres réduisent ce total d'environ 500 millions dans les quatre-vingts ans qui ont suivi cette première période, et en supposant que quelques filons aient été épuisés, on a retiré une somme au moins égale. Si dans un siècle et demi les mines du Brésil ont donné 5 milliards, que sera-ce si l'on suppute tout ce qu'ont fourni celles de la Terre-Ferme, de la Nouvelle-Castille, du Chili, du Pérou et du Mexique ?

Les mines du Potosi, ouvertes en 1548, avaient produit, en quatre-vingt-dix ans, 395,079,000 piastres. Dans les deux siècles suivants cette somme énorme s'est plus que triplée; en comptant ce que cette mine a donné depuis le milieu du siècle passé, on peut porter à 15 ou 16 cents millions de piastres. Que de travaux n'a-t-il pas fallu à l'homme pour arracher à la terre tant de trésors ? Ce qu'on peut dire, c'est que l'Amérique a versé sur l'ancien continent huit fois plus d'or et d'argent qu'il n'y en avait à la fin du xve siècle.

Cet ancien continent et l'Europe en particulier en sont-ils devenus plus riches ? C'est ce qu'il est permis de révoquer en doute; car, à mesure que la quantité de numéraire s'est augmentée, le prix de toutes les denrées, de toutes les marchandises, s'est augmenté de même. Quant à l'Espagne et au Portugal en particulier, on peut affirmer que l'exploitation des mines de l'Amérique n'a fait que les appauvrir, parce que les Espagnols et les Portugais ont négligé pour elles leur ancien commerce, tous les arts industriels, et l'agriculture même qui les nourrissait. Au milieu du siècle dernier, le Portugal n'avait pas 12 millions de numéraire effectif, et leurs souverains en devaient 50 à l'Angleterre. Peu de temps avant le tremblement de terre qui fut si fatal à Lisbonne, le roi Joseph eut beaucoup de peine à trouver 1,200,000 francs pour son propre compte, et ce besoin d'argent ne contribua pas peu sans doute aux persécutions que le ministre Pombal dirigea contre les jésuites, qu'il voulut détruire, pour hériter des *richesses immenses* dont on les croyait possesseurs.

Quant à l'Espagne, ce Philippe II qui disait orgueilleusement que le soleil ne se couchait jamais dans ses domaines, vit, avant de mourir, ses peuples plongés dans la détresse, parce qu'ils ne tiraient l'or et l'argent de leurs mines que pour payer à leurs voisins le tribut que leur imposait leur propre incurie. Ils laissaient leurs campagnes en friche, ils ne travaillaient plus à leurs belles laines, ils livraient à d'autres tout le commerce de l'Europe, étouffaient tous les genres d'industrie. C'était inviter les autres peuples à profiter de leurs fautes, et ce fut là ce que firent ces derniers. Ainsi, tout l'argent du Pérou et du Mexique passait de leurs mains en celles des étrangers.

MINE DE MERCURE DE GUANCAVÉLICA. — VAPEURS MORTELLES QUI S'EN EXHALENT, MOYENS DE S'EN GARANTIR.

Dans l'article précédent, nous n'avons parlé que du produit des mines de l'Amérique, parce qu'elles sont les plus riches, et que les travaux qu'elles ont exigés prouvent assez jusqu'à quel point a pu arriver l'industrie humaine. Nous n'avons pas jugé nécessaire d'expliquer les divers procédés par lesquels on extrait le métal du minerai, on l'épure, on le sépare de toute matière étrangère; mais nous conduirons pour quelques instants nos lecteurs dans l'intérieur de certaines mines, véritables villes souterraines où rien ne manque que le jour et quelquefois l'air, presque toujours un air pur et sain.

La mine de mercure de Guancavélica, autrefois connue sous le nom de Palcas, est la plus abondante de l'univers. Elle fut autrefois exploitée par les Péruviens sous leurs incas; mais ils n'y cherchaient que le cinabre, dont ils se servaient pour se teindre le corps, et barbouiller la face de leurs idoles presque toujours monstrueuses. Ce fut un Portugais qui le premier découvrit le mercure dans le cinabre. La mine fut mise aussitôt en exploitation réglée; mais, peu de temps après, un esclave d'Amador de Cabrera découvrit non loin de Palcas un filon beaucoup plus abondant, et Cabrera, s'en étant fait déclarer propriétaire, vendit ses droits au gouvernement pour 250,000 piastres.

La montagne d'où l'on tire le mercure est intérieurement tout excavée par des galeries, des rues, des places, des habitations, et des chapelles où l'on dit la messe tous les dimanches et jours de fête. On y trouve des marchés assez bien pourvus, des lieux de réunion où l'on vend des liqueurs et de l'eau-de-vie, boisson favorite des Américains. Tous ces vastes souterrains sont éclairés par des infinités de lanternes; mais les exhalaisons mercurielles en rendent le séjour dangereux. En 1709, la montagne menaça de s'écrouler par suite d'éboulements intérieurs. Il fallut en toute hâte travailler à soutenir les voûtes et les murs par de solides ouvrages.

Cette mine, qui s'exploitait encore à l'époque des révolutions américaines, produisait, année commune, 8,000 quintaux de mercure ; et les droits que le gouvernement espagnol en tirait se montaient, tous frais déduits, à 400,000 piastres.

L'exploitation des mines, en général, n'est pas sans danger. Quand elles ont été fermées pendant quelque temps et qu'on vient ensuite à les rouvrir sans précaution, il en sort un air délétère qui donne sur-le-champ la mort à ceux qui le respirent. Cette vapeur, que les mineurs américains appellent *cumpe,* offre plusieurs particularités remarquables. La cause de ses propriétés pernicieuses reste toujours inconnue. Un baromètre plongé dans cette vapeur ne subit pas d'altération ; il en est de même du thermomètre, aucune variation sensible ne s'y remarque. Elle agit si promptement qu'elle éteint sur-le-champ une torche allumée; le malheureux qu'elle atteint meurt comme frappé de la foudre; les secours les plus prompts ne le sauvent pas.

Quand les ouvriers soupçonnent l'existence de la vapeur, ils frappent d'un coup de pic le gisement où elle est renfermée; la moindre ouverture suffit pour qu'elle s'exhale; ils s'abstiennent de respirer et se bouchent le nez au moment de l'ouverture. Dès que celle-ci est faite, ils introduisent dans l'intérieur une chandelle allumée, attachée à l'extrémité d'une longue perche. Si la chandelle ne s'éteint pas, le danger est passé; si elle s'éteint, ils se sauvent bien vite pour ne revenir que quelque temps après.

Souvent la vapeur se manifeste subitement là où il n'y en avait pas d'abord. Au moment où les ouvriers y pensent le moins, leurs chandelles s'éteignent. La flamme commence par se séparer de la mèche, et s'élève à 7 ou 8 pouces; elle tombe presque immédiatement sur la mèche, l'abandonne de nouveau, revient, présente plusieurs fois le même phénomène, et finit par disparaître sans laisser sur la mèche aucune trace de combustion, comme cela arrive lorsqu'on souffle une chandelle; le bout de la mèche conserve encore le feu et produit beaucoup de fumée. Le seul préservatif contre ces accidents funestes, c'est une prompte fuite.

La présence de la vapeur, quand elle commence à se montrer dans un lieu, se fait sentir sur le corps

des ouvriers par une sorte de formication douloureuse, surtout aux extrémités de la tête. Pour dissiper ce gaz dangereux, on doit, sans perdre de temps,
pratiquer une seconde ouverture de manière à établir
un courant d'air. Comme il ne se manifeste guère
que là où le minerai abonde, on présume qu'il n'acquiert ces funestes propriétés que par l'agrégation
des molécules minérales qui jaillissent du sol.

MINE DE MERCURE D'IDRIA EN AUTRICHE. — AVENTURE DU CONTE ALBERTI.

Cette mine, qui existe dans la Basse-Autriche, vers
les frontières de la Carniole, fut découverte en 1497
par un singulier hasard. Le canton n'était alors habité
que par des tonneliers, des charrons, des charpentiers, etc., parce qu'il abonde en bois de bonne
qualité. Un d'eux enfonça un jour un tube dans une
source d'où l'eau ne sortait que goutte à goutte. Il
imagina que, trouvant une issue commode, l'eau
coulerait avec plus d'abondance. Le lendemain l'eau
ne coulait pas; il voulut changer le tube de place, mais
il le trouva extrêmement lourd. L'examinant alors,
il aperçut dans le fond un liquide brillant, mais
qui était pour lui tout à fait inconnu; il le porta chez
un pharmacien de Laubach, qui lui donna une légère
récompense, et l'engagea à lui en apporter davantage,
ce que le tonnelier ne manqua pas de faire.

On descend dans l'intérieur par un puits fort étroit,
au moyen d'un panier suspendu par des cordes; ce
qui est assez dangereux, parce qu'il arrive souvent

que le panier, dans ses balancements, touche aux parois du puits, s'y accroche même et se renverse. On peut aussi descendre au moyen d'échelles, placées en forme de zigzag au-dessous l'une de l'autre; mais quoique ce moyen soit plus sûr que le premier, il faut néanmoins se tenir sur ses gardes et descendre avec précaution, parce que les échelles sont étroites et humides. Par intervalles on a pratiqué des niches ou reposoirs, pour que ceux qui montent et qui descendent puissent s'arrêter, s'ils viennent à se rencontrer ou s'ils sont trop fatigués. La profondeur du puits est de 840 pieds; là sont d'immenses galeries souterraines qu'on ne pourrait parcourir qu'en plusieurs heures. Ces galeries sont toutes horizontales; et comme elles s'enfoncent sous la montagne, sur le flanc de laquelle se trouve l'entrée de la mine, on peut conjecturer que plus les galeries se prolongent, plus elles s'éloignent de la surface extérieure du sol; c'est-à-dire qu'à la profondeur du puits à l'entrée il faut ajouter tout ce que la montagne a de hauteur au-dessus de l'ouverture.

Le gouvernement autrichien a plusieurs fois condamné aux mines d'Idria des criminels d'État, ou des accusés dont la peine était commuée en considération de la famille à laquelle ils appartenaient. On raconte encore sur les lieux les aventures du comte Alberti, qui ont fourni le sujet d'un poëme dramatique. Ce comte s'était battu en duel avec un général autrichien, malgré la défense expresse de l'empereur; le général fut grièvement blessé, on le crut mort, et le comte se sauva dans les forêts de l'Istrie. Vivement poursuivi par les soldats envoyés sur ses traces, il fut arrêté. Il n'était pas encore sorti de la forêt qu'une bande de brigands, qui depuis longtemps infestait le pays, s'étant présentée à l'improviste, les soldats épouvantés prirent la fuite et laissèrent le comte libre ; mais au moment où il voulait se séparer de ses libérateurs, ceux-ci le retinrent et le forcèrent à s'enrôler parmi eux. Au bout de neuf mois, on fit battre la forêt par des troupes nombreuses qui enveloppèrent les brigands de tous les côtés. Presque tous périrent en se défendant ; les autres furent pris après une résistance désespérée. Ils furent tous condamnés à être roués vifs. Alberti était de ce nombre. On eut beau demander grâce pour lui, l'empereur se montra longtemps inflexible. Tout ce qu'on put obtenir à force de supplications, ce fut une commutation de peine. Le comte fut condamné à perpétuité au travail des mines. La comtesse appartenait à une des plus illustres familles de l'Allemagne. Après qu'elle eut épuisé vainement tous les moyens pour obtenir la grâce de son mari, nouvelle Éponine, elle alla s'enfermer avec lui aux mines afin de partager son sort, qu'elle n'avait pu adoucir. Quelque temps après, le général, guéri de sa blessure à la suite d'une maladie très-longue qui avait plus d'une fois fait désespérer de sa vie, cédant à un sentiment généreux envers son ancien ennemi et touché du dévouement sublime de la comtesse, sollicita la grâce d'Alberti avec tant d'instance qu'il finit par fléchir l'empereur. Le comte, de retour à Vienne, n'eut pas de peine à se justifier de son séjour forcé avec les brigands. Il fut réintégré dans ses biens; et, pour le dédommager de ses souffrances, le souverain lui rendit sa faveur.

MINE DE FER DE DANMORA.

Cette mine, située dans le gouvernement d'Upland, en Suède, est renommée pour l'excellente qualité du fer qu'on en retire. Le fer ne se trouve qu'à 80 brasses de profondeur; et les galeries s'étendent dans toutes les directions à une très-grande distance. Pour faire monter le minerai jusqu'à l'extérieur de la mine, on a pratiqué dans le puits plusieurs étages qui renferment des machines que des chevaux mettent en mouvement, et au moyen desquelles on fait monter d'un étage à l'étage supérieur des tonneaux pleins de minerai. Pour extraire l'eau du fond de la mine on emploie une roue qui a 66 pieds de diamètre. Cette roue laisse tomber l'eau dans un aqueduc qui va s'épancher à une demi-lieue de distance. Autour de Danmora s'élèvent des ruines sans nombre, et beaucoup de villages qui ne sont guère habités que par des mineurs. « Cette mine, dit l'Anglais Wraxall dans son *Voyage au nord de l'Europe,* fait la principale richesse de la province et fournit au gouvernement une branche importante de ses revenus. On n'extrait pas le minerai avec le pic ou la bêche, continue l'auteur; on ne l'obtient que par l'emploi de la poudre, et c'est bien une des plus effroyables opérations qu'il soit possible d'imaginer. Elle a lieu chaque jour à midi précis. J'arrivai, dit-il, à l'ouverture de la mine, qui a bien un demi-mille de circonférence, assez tôt pour assister à l'opération. La première explosion se fit entendre aussitôt après midi sonné; et je ne saurais en comparer le bruit qu'à celui d'un tonnerre souterrain ou plutôt de décharges d'artillerie qui se feraient sous terre. Les pierres détachées par la force de la poudre furent lancées au-dessus de la surface du sol, et la commotion fut si forte que tous les rochers d'alentour en tremblèrent.

« Aussitôt après toutes les explosions, je voulus descendre dans la mine. Pour atteindre le fond, on se place dans un vaste baquet qui peut contenir trois personnes; le baquet est attaché à une corde. A peine eus-je commencé à descendre, qu'à l'aspect de l'abîme sur lequel je me trouvais suspendu, je me repentis de ma curiosité. Cette sensation de regret ne fut du reste que momentanée... On met à peu près neuf minutes à descendre. A l'aspect de ces profondes cavernes, je fus saisi d'un sentiment indéfinissable où la terreur se mêlait au plaisir. La lumière du jour ne descend en ces lieux que par de rares ouvertures; presque partout il faut tenir des flambeaux allumés.

« Je vis des pièces de bois en travers des galeries, de distance en distance, appuyant par leurs extrémités sur les parois opposées; et sur ces minces solives,

des mineurs tranquillement assis, pratiquant des
trous dans la roche pour y placer la poudre qui devait agir le lendemain. Je m'étonnais de les voir travailler aussi librement que s'ils eussent été sur le sol ;
et je frémissais à l'aspect de ce sol tout composé de
roches pointues, sur lesquelles ils se seraient infailliblement brisés, si, perdant l'équilibre, ils étaient
tombés de leur siége. Les fragments de rochers détachés par l'explosion de ce jour, formaient de tous
côtés des monceaux énormes.

« Je demeurai trois quarts d'heure dans ces froids
souterrains, où j'appris par mes guides qu'il y avait
treize cents ouvriers employés... Ce qui me surprit,
ce fut de voir le sol tout couvert de glace, tandis
qu'à l'extérieur la chaleur était presque insuppor-
table, et de me trouver au fond de ces sombres
souterrains entouré de toutes les rigueurs de l'hiver.
J'aperçus, dans une galerie qui s'étendait au loin
sous la montagne, huit ouvriers qui se chauffaient
autour d'un feu de charbon. J'allai m'y placer pour
sécher mes pieds, qui s'étaient considérablement
refroidis en marchant sur la glace... »

CALCUL FAIT EN ANGLETERRE SUR LA VALEUR DU FER OUVRÉ, DE BEAUCOUP SUPÉRIEURE A CELLE DE L'OR.

Le fer, en raison de son abondance, est regardé
comme un des métaux de moindre valeur intrinsèque;
et cependant, outre qu'il est susceptible d'un très-
beau poli, il peut devenir plus ou moins dur, plus
ou moins élastique et flexible au moyen de certains

procédés, et plus propre qu'aucun autre métal à fournir aux arts des machines, des outils, des instruments. La main d'œuvre peut même lui donner tant de prix que « sa valeur est cent cinquante fois plus grande que celle de l'or, » comme cela résulte des calculs faits par un Anglais. « Si l'on pèse, dit-il, plusieurs ressorts de montre, tels qu'ils sortent communément des ateliers de Londres, on trouvera qu'il en faut dix pour faire le poids d'un grain. Or une livre ordinaire équivaut à sept mille grains ; il est donc clair que, pour faire le poids d'une livre, il faudrait dix fois sept mille de ces ressorts, et comme ces objets se vendent chacun une demi-couronne, la valeur totale d'une livre pesant de ces ressorts serait de 8,750 livres sterling. Maintenant, admettons que l'once d'or vaut 4 livres sterling, la valeur totale d'une livre d'or sera d'environ 64 livres. Cela posé, il résulte que la valeur de la livre de ressorts de montre est à celle de la livre d'or comme 8,750 sont à 64, c'est-à-dire un peu plus de 136 à 1. »

Nous n'admettons pas ce calcul sans restriction ; mais il est hors de doute que certains ouvrages d'acier acquièrent une valeur supérieure ou du moins égale à celle de l'or.

MINE D'ARGENT DE KŒNISBERG.

Cette mine fut découverte en 1623 ; et la ville, bâtie dans le même temps, ne tarda pas à se peupler de mineurs allemands. Au milieu du siècle suivant, il y avait déjà quarante-un puits et douze veines de minerai en exploitation. Trois mille cinq cents ouvriers y étaient employés. On avait cru d'abord qu'il n'y avait d'argent que dans la montagne qui se trouve auprès de Kœnisberg ; on a reconnu depuis que les veines métalliques s'étendaient en tout sens. Une des plus riches est celle qu'on appelle *Ancienne bénédiction de Dieu ;* elle a souvent fourni dans une seule semaine plusieurs centaines de livres de ce riche minerai.

La profondeur perpendiculaire de cette mine est prodigieuse ; elle est de 180 brasses. Après une longue descente, on se trouve dans une espèce de grande salle qui a un quart de mille au moins de circonférence. On y voit trente à quarante piles de bois brûlant continuellement de tous les côtés. Ces feux sont entretenus avec soin, afin que la chaleur qu'ils répandent amollisse la roche, et permette de continuer les travaux ; et quand on aperçoit tous ces bûchers éclairant de leurs flammes livides cette vaste enceinte, cette foule de mineurs couverts de suie et faisant retentir la voûte de cent bruits différents de pics, de marteaux, d'enclumes, quand on entend ce murmure confus de voix discordantes, on se croirait descendu vivant aux enfers, surtout lorsqu'à certains signes qu'ils reconnaissent heureusement très-bien, prévoyant que la mine va éclater dans une direction donnée, ils crient d'une voix forte à ceux qui sont sur ce point : *Berg livet ! berg livet !* prenez garde à vous ! gare à vos têtes !

MINE DE CUIVRE DE LA DALÉCARLIE.

La Dalécarlie, province montagneuse de la Suède, possède un grand nombre de mines, qui fournissent le meilleur cuivre de l'Europe. Les voyageurs vont ordinairement visiter celle dont nous allons donner une courte description. On remarque d'abord une vaste machine hydraulique composée de plusieurs rouages, dont les uns font monter l'eau dans un réservoir, d'où elle se distribue par différents conduits; les autres élèvent le minerai du fond de la mine à la surface extérieure du sol. Pour arriver à l'ouverture actuelle de la mine, il faut traverser un abîme d'une effrayante profondeur, au moyen d'échelles de bois qui s'appliquent contre les roches brisées ou sur des monceaux de graviers et de cailloux. On dit que c'était en ce lieu que la mine avait été d'abord ouverte, et que, soit ignorance, soit incurie de la part de ceux qui dirigèrent les travaux, les excavations avaient tellement affaibli les bases de la montagne, qu'elle finit par s'écrouler. On a pris, dit-on encore, de sages précautions pour que pareil accident ne se renouvelle pas; on a levé le plan de toutes les galeries, et lorsqu'il peut devenir dangereux de poursuivre les travaux dans la même direction, l'ordre est aussitôt donné aux mineurs de s'arrêter, et on plante sur le lieu désigné comme limite une couronne de fer, ce qui signifie que, sous aucun prétexte, il n'est permis d'aller plus loin.

Quand on est arrivé à l'entrée de la mine, il faut descendre à une profondeur de 180 pieds; on trouve au fond de cette descente une galerie horizontale qui se prolonge fort loin. A mesure qu'on avance, on se sent oppressé par la vapeur qui s'exhale de toutes les galeries latérales aboutissant à cette galerie principale. Cette vapeur suffoque, elle est puante et malsaine. Toutefois, avec du courage, on continue de marcher et l'on commence à descendre par des degrés taillés dans le roc. Les misérables habitants de ces tristes lieux ont l'air de spectres. L'excessive chaleur et le violent exercice auquel ils sont forcés de se livrer, les obligent à travailler presque nus. Dans quelques endroits, la vapeur est si chaude, qu'elle brûle à douze pas de distance, et l'odeur de soufre qui s'en exhale n'est pas supportable. Il n'y a pas beaucoup d'années qu'il se fit près de là une éruption volcanique; et comme s'il était au pouvoir de l'homme de maîtriser les feux d'un volcan, on a construit entre le lieu de l'éruption et la mine de très-fortes murailles, et l'on a fermé plusieurs passages par où les vapeurs souterraines pouvaient s'introduire.

Après qu'on a franchi le siége de ces vapeurs sulfureuses, on traverse plusieurs galeries où l'on voit dispersés une multitude d'ouvriers, travaillant les uns à mouiller de grands quartiers de roche pour pouvoir ensuite les détacher plus facilement, les autres à préparer des fourneaux pour faire jouer la mine. Tous ces groupes d'ouvriers, dit un voyageur qui a visité ces mines, sur lesquels tombent les lueurs incertaines des torches, forment un tableau curieux et intéressant. Nous dirons, nous, avec plus de raison, à l'aspect de tant de misérables, condamnés à des travaux où s'use leur vie pour le profit de quelques individus qui vont à la fortune en marchant sur les cadavres des ouvriers qu'ils ont employés : Funeste soif de l'or, à quels excès ne pousses-tu point le cœur humain ?

> Quid non mortalia pectora cogis,
> Auri sacra fames ?

La profondeur perpendiculaire de la mine est de 1,200 pieds au moins, et il faut une heure pour arriver au fond. On y emploie chaque jour cinq cents ouvriers ; les femmes n'y sont point admises. Cette mine fut autrefois une prison d'État, où l'on enfermait certains criminels et les prisonniers de guerre, qui ne tardaient pas à y trouver la fin de leurs peines. Il y a près du fond un salon taillé dans le roc et entouré de siéges ; on l'appelle *la salle du sénat*, parce que ce fut dans cette salle, dit-on, que plusieurs rois de Suède se sont rendus avec divers membres du sénat pour examiner les travaux ; mais ce qui doit donner à cette mine une juste célébrité, c'est que le fameux Gustave Wasa y travailla comme simple ouvrier sous les habits d'un paysan, après que ceux qui lui servaient de guides dans sa fuite précipitée l'eurent dépouillé de tout ce qu'il possédait.

MINE DE CHARBON DE WHITEHAVEN. — GAZ INFLAMMABLE, MOYENS
DE S'EN GARANTIR. — MACHINE DE SPELLING.

La nature a répandu sur le continent le charbon
de terre, supplément indispensable du bois, surtout
pour l'exploitation des usines ; mais elle n'a pas été
partout également libérale. L'Europe paraît mieux
partagée que les autres parties du monde ; c'est
principalement dans la Grande-Bretagne que cette
substance se montre plus abondante. Il n'y a peut-
être pas dans le monde entier de mine de charbon
plus remarquable que celle de Whitehaven, par ses
excavations extraordinaires. Elle a sa grande entrée
au pied d'une haute montagne, et une assez longue
galerie, toute creusée dans la roche vive, conduit aux veines de charbon. Là on entre dans une
seconde galerie très-spacieuse, coupée de galeries transversales. Toutes les voûtes sont soutenues
à certains intervalles par des piliers carrés de 9 à 10
pieds de haut, et d'environ 36 pieds de large. Ces
piliers sont en charbon de terre. On les a laissés
quand on a extrait le charbon qui remplissait ces
galeries. On en laisse de nouveaux à mesure que les
excavations se prolongent.

La profondeur de cette mine est de 130 brasses
au moins, et les galeries s'étendent sous la mer. Il y
a des endroits où sur ces galeries il se trouve assez
d'eau pour porter des navires de haut bord. Il est à
présumer qu'en aucun lieu du monde les mineurs

n'ont pénétré à une aussi grande profondeur au-dessous du niveau de la mer.

La minière de Whitehaven offre trois grandes
couches de charbon, séparées l'une de l'autre par
des masses de roche. On a établi entre elles une
communication nécessaire au moyen de puits et de
galeries.

Quand une veine s'épuise ou qu'elle est épuisée,
et qu'il s'agit d'en chercher une autre, on emploie
un double procédé, c'est de creuser et de forer alternativement. On creuse tant que la nature du terrain permet d'employer la pioche et le pic; quelquefois on emploie la poudre pour faire sauter un
quartier de roche. Lorsqu'on arrive à la roche vive,
au granit, on a recours au forage. On se sert pour
cela d'une tarière garnie d'une pointe d'acier, et
dont une partie forme un demi-cylindre creux, destiné à laisser passer les fragments de roche brisés
par la pointe. De temps en temps on introduit dans
le trou une écope pour recevoir et enlever ces fragments. Le forage se continue ainsi à des profondeurs
considérables, quelquefois jusqu'à 100 brasses et
plus; dans ce cas, on allonge la tarière au moyen de
pièces de fer qui se vissent les unes à la suite des
autres; pour faire tourner la tarière, on a recours
à des machines. S'il arrive qu'une pièce se rompe,
on la retire au moyen d'une longue verge garnie à
son extrémité inférieure d'une espèce d'écrou dans
lequel s'enchâsse la pièce brisée. Quelquefois on
ajoute à la tarière des lames tranchantes, disposées

de manière à ce qu'elles puissent enlever quelques parties des parois de la roche. Ces parties sont reçues dans une boîte placée sous les lames.

Ceux qui ont la direction des mines sont obligés de prendre les plus grandes précautions pour entretenir dans l'intérieur des galeries des courants d'air capables de dissiper les vapeurs, les exhalaisons pernicieuses, l'humidité, qui s'y réunissent abondamment dès que le courant d'air est intercepté. Dans les mines qu'on laisse reposer pendant quelque temps, si l'on n'a pas le soin d'y faire pénétrer l'air extérieur, il arrive parfois que ces vapeurs accumulées s'enflamment avec une forte explosion, et que le feu jaillit par les puits avec autant d'impétuosité que les feux d'un volcan. On voit même s'élever à une grande hauteur des fragments considérables de roche, comme dans les éruptions volcaniques.

L'inflammation de ces vapeurs a souvent des suites funestes. Le feu se communique aux couches de charbon, et l'incendie dure plusieurs mois ; il ne s'éteint que lorsqu'on est parvenu à introduire dans la mine un courant d'eau assez considérable pour l'inonder. On a vu, en Écosse, des minières brûler plusieurs années consécutives. Pour empêcher, autant que cela est possible, ces vapeurs de s'accumuler dans les mines, on cherche à découvrir toutes les fentes ou crevasses par où elles s'échappent de la mine ; et pour leur ménager une issue commode, on introduit par ces crevasses de longs tuyaux qui aboutissent à l'air libre ; on y met ensuite le feu, en appliquant la flamme d'une chandelle à l'orifice du tuyau, à peu près comme on allume les becs de gaz ; et ces vapeurs vont ainsi brûlant et se consumant jusqu'à ce qu'elles soient épuisées.

L'ingénieur de la mine de Whitehaven, M. Spelling, avait remarqué plusieurs fois que les gaz inflammables qui causaient tant de ravages, ne prenaient feu qu'au contact d'un corps enflammé, et que ni le fer rouge, ni les étincelles qu'on faisait jaillir de la pierre en la frappant du briquet, n'avaient le même pouvoir que la flamme d'une lampe ou d'une chandelle. Sur ces observations confirmées par plusieurs expériences, il inventa une machine qu'il appela *steel mill* (le moulinet d'acier), laquelle consistait en une roue d'acier qui tournait très-vite et frappait en passant une grande quantité de pierres à feu disposées en cercle autour d'elle. Les nombreuses étincelles qui jaillissaient de cette machine, donnaient assez de clarté pour que les ouvriers pussent vaquer à leurs travaux sans aucun danger de voir les gaz s'enflammer, comme cela arrivait souvent quand ils s'éclairaient d'une lampe.

On se servit de cette machine, après le désastre arrivé en 1812 aux mines de Felling, pour chercher sous les décombres les corps de quatre-vingt-seize ouvriers qui périrent si malheureusement par l'effet de l'explosion. La lampe de sûreté de Davy n'était pas encore inventée. (Voyez ci-après les articles *Mines de Felling* et *Lampe de Davy*.)

Les inondations ont été souvent plus fatales aux

mineurs que l'embrasement des gaz. Pour prévenir l'invasion des eaux à Whitehaven, on a établi quatre pompes à feu qui, lorsqu'elles jouent ensemble, donnent par minute 1,228 gallons d'eau (le gallon équivaut à quatre litres ou pintes de Paris, ce qui monte, en vingt-quatre heures, à 7,000 tonnes). On a calculé qu'une pompe à feu dont le cylindre a 70 pouces de diamètre exigeait, pour être mise en mouvement, une force de 110 chevaux ou de 550 hommes, et que dans un espace de temps donné elle fournissait plus d'eau que n'en pourraient tirer 2,520 hommes avec des seaux et des baquets ; c'est l'action alternative de la vapeur et de l'air atmosphérique qui élève et abaisse successivement le piston.

MINE DE FELLING. — DÉSASTRE.

Cette mine, située non loin de Gunderland, ne commença d'être exploitée qu'en 1779. La première veine ayant paru épuisée vers la fin de 1810, on en ouvrit une seconde, qui se trouvait en pleine exploitation en maî 1812. Le 25 de ce mois, un peu avant midi, on entendit des villages voisins de la mine une épouvantable détonation, suivie de plusieurs autres ; à un demi-mille de distance des travaux la terre trembla. En même temps on vit s'élever dans l'air un nuage épais de poussière et une grande quantité de fragments de charbon. Les matières les plus pesantes retombèrent autour du puits ; les plus légères furent emportées par le vent à une demi-lieue de distance. Sur 128 ouvriers qui se trouvaient alors dans la mine, 32 seulement furent retirés vivants; encore, sur ce nombre, trois moururent de leurs blessures. Ce ne fut que le 8 juillet qu'on se hasarda à descendre dans la mine, et il fallut plus de deux mois pour retirer du milieu des décombres les restes des victimes. On se servit dans cette occasion des machines de Spelling. Ce ne fut qu'après le 19 septembre que, la mine ayant été visitée avec soin et toutes les précautions prises, l'exploitation recommença.

MINE DE SEL DE WIELICSZKA.

Cette mine, à deux petites lieues de Cracovie, a son entrée auprès de la petite ville de Wielicszka, et ses diverses galeries s'étendent non-seulement sous cette ville, mais encore bien au delà et de tous les côtés; de sorte que la ville est toute minée, et qu'elle repose sur un abîme. La longueur de l'excavation principale est de 1,000 toises, sa largeur est d'environ 230, et sa profondeur de 120. Mais les veines de sel s'étendent beaucoup plus loin; on ne connaît encore ni leur longueur ni leur épaisseur. Il y a maintenant dix puits pour l'extraction du sel; mais on n'a trouvé encore aucune source.

Quand on est descendu dans la mine, on n'est pas peu surpris d'y trouver une espèce de république, composée de quelques familles qui vivent soumises à des statuts, à des règles de police, ayant pour elles force de lois. On y voit des rues, des places publiques, une grande route sur laquelle circulent sans cesse des chariots et des chevaux chargés de sel qu'ils portent au pied de l'entrée, où il est reçu dans des vaisseaux que des machines élèvent jusqu'à l'orifice extérieur. Ces chevaux sont condamnés à ne plus voir la lumière du soleil. Il y a même beaucoup d'habitants de la ville souterraine qui sont nés là, qui n'en sortent jamais, et qui meurent sans avoir vu ni le jour ni la nuit, ni le ciel ni la terre, ni la plaine ni les montagnes. Il y en a pourtant qui ne se refusent pas le plaisir de respirer de temps en temps un air plus pur, et de voir la campagne, le ciel et le soleil.

Les galeries et les divers passages sont très-spacieux. On y rencontre parfois des chapelles creusées dans la roche ou dans le sel, des crucifix appliqués contre les parois, et, dans des niches creusées exprès, des images de saints devant lesquelles on entretient continuellement de la lumière. On donne le nom de chambres à toutes les excavations d'où le sel a été extrait; dans quelques-unes de ces chambres il s'est opéré des filtrations et par suite des cristallisations. Dans beaucoup d'endroits on a laissé subsister de gros piliers de sel pour supporter la voûte. Mais ce que la ville souterraine offre de plus curieux, c'est une grande statue de sel que les habitants regardent comme la femme de Loth; ils sont persuadés que cette statue est réellement la même que celle de l'épouse curieuse du patriarche. Au reste elle leur sert de baromètre ; suivant qu'elle est sèche ou humide, ils jugent de l'état de l'atmosphère au-dessus d'eux.

Cette mine a tant de galeries, de passages, de tours et de détours, qu'il arrive souvent à des ouvriers de se tromper de chemin ; et si par malheur leurs lampes s'éteignent, ils périssent dans cet inextricable labyrinthe ; danger qu'il serait aisé de prévenir en donnant des noms à toutes ces galeries et en les inscrivant à leurs extrémités. Le nombre des mineurs employés dans l'intérieur est de quatre à cinq cents. Il y a de plus à peu près deux cents individus attachés à l'établissement.

LAMPE DE SURETÉ DES MINEURS.

Il est rare qu'une découverte n'en amène pas une autre, qu'une invention utile ne soit pas suivie d'un perfectionnement. L'idée première est génératrice ; mais elle produit mieux qu'elle-même, parce que celui à qui appartient la seconde profite de ce qui est déjà fait, et qu'il est plus facile d'ajouter à ce qui est, que de faire quelque chose là où il n'y a rien. Nous avons vu M. Spelling inventer une machine capable d'éclairer les mineurs, sans leur faire courir le danger d'une explosion du gaz inflammable. M. Humphry Davy jugea que cette machine ne donnait qu'une clarté très-équivoque et trop peu abondante pour que les ouvriers pussent vaquer commodément à leurs travaux ; et tirant parti de la remarque de M. Spelling, que le gaz inflammable ne peut s'allumer qu'au contact d'un corps enflammé, et que le fer rouge ne suffisait pas pour lui communiquer le feu, il conçut l'idée d'une lampe qui pût être portée impunément au milieu de ce gaz, sans rien perdre de sa lumière ou même brillant d'une lumière plus vive.

Il constata d'abord par diverses expériences que ces vapeurs si redoutables n'étaient pas autre chose que le gaz carbonique qui se dégageait de la mine sous le pic des mineurs ou qui sortait de la couche de charbon par les fissures du rocher. D'autres expériences le convainquirent que, lorsque ce gaz s'accumulait au point de former un volume égal à la treizième partie de l'air atmosphérique, il pouvait s'enflammer au contact d'une lampe allumée, ou de toute espèce de flamme ; mais il savait aussi que l'inflammation ne pouvait avoir lieu par le contact du fer rouge. Là-dessus il imagina d'entourer sa lampe d'une double enveloppe, l'une de fil de fer d'un diamètre d'un quart de ligne à peu près, l'autre de gaze claire dont les fils sont séparés d'environ une demi-ligne. Les intervalles mis entre les fils de fer ne doivent pas avoir une plus forte dimension, de sorte que les carrés formés par le croisement de ces fils n'excèdent pas la vingtième partie d'un pouce. Dans le modèle que sir Humphry envoya aux mines il y avait sept cent quarante-huit ouvertures par pouce carré.

Le premier effet produit par la présence du gaz

sur la lampe allumée, c'est d'augmenter le volume de la flamme si le gaz inflammable est égal en volume à une douzième partie de l'air atmosphérique. L'intérieur de la lampe paraît plein d'une petite flamme bleue, mais celle de la mèche devient très-brillante; si la quantité de gaz augmente, la flamme de la mèche se perd au milieu de celle du gaz qui s'est introduit dans la lampe et qui rend une lumière très-vive. Tant qu'il reste dans l'atmosphère du gaz inflammable, cette lumière continue de briller; mais quand l'oxygène diminue et qu'il ne reste plus que du gaz non inflammable, la lumière s'éteint, et l'air surchargé d'azote cesse d'être respirable.

Lorsque le gaz inflammable n'est qu'en petite quantité, l'usage de la lampe Davy le consume très-promptement, toute explosion devient impossible, et il est très-rare que la lampe se trouve engagée dans une atmosphère où ce gaz est surabondant; mais cela serait, qu'il n'y aurait pas d'explosion; seulement le fil de fer deviendrait rouge, ce qui ne suffirait pas, comme on l'a dit, pour enflammer le gaz.

Si les mineurs doivent travailler pendant quelque temps dans une atmosphère surchargée, on leur recommande de rafraîchir de temps en temps leur lampe, en versant par-dessus un peu d'eau froide, ou bien d'attacher au haut de la lampe un petit vaisseau plein d'eau qui, en s'évaporant peu à peu, empêche la chaleur de devenir excessive.

CLOCHE DES PLONGEURS.

La cupidité, qui est de tous les temps, ne s'est pas contentée des dons que lui offrait la Providence à la surface du sol ; elle a fouillé dans les entrailles de la terre pour lui arracher ses trésors ; elle a voulu descendre au fond des mers pour y chercher de nouvelles richesses. Mais de même que l'industrie s'est frayé des routes à travers les montagnes et les rochers, ainsi elle est venue au secours de l'homme pour lui ouvrir le sein des eaux.

Les anciens avaient connaissance de l'art des plongeurs, car Aristote en parle dans ses *Problèmes ;* mais il paraît que cet art se réduisait chez eux à la faculté de rester sous l'eau plus ou moins longtemps ; ce qui ne pouvait s'acquérir que par une longue habitude et un pénible exercice. Ce ne fut guère qu'à la fin du xviie siècle (1678) qu'on inventa une machine allant sous l'eau. Un médecin de Lyon, nommé Panthot, publia vers le même temps la description d'une machine nouvelle, mais si grande qu'elle était infiniment incommode. Le docteur Halley, frappé de ce double inconvénient, fit quelques améliorations à cette machine (1716) ; le plongeur y était à sec, n'était nullement gêné dans ses mouvements, et avait une grande masse d'air. Quelque temps après, l'ingénieur suédois Triewald fit de nouveaux changements, qui diminuèrent, il est vrai, la dépense, mais ne firent point disparaître tous les inconvénients.

8

L'un de ces inconvénients, c'était que la faculté de faire descendre ou remonter la machine dépendait en entier de ceux qui se tenaient dans des barques au-dessus du plongeur, et que la machine était d'ailleurs si lourde qu'il en coûtait beaucoup pour la faire mouvoir ; et enfin que si par malheur la corde venait à se rompre, l'infortuné plongeur était condamné à périr.

M. Spalding d'Édimbourg chercha un remède à tous ces défauts, et la machine qu'il construisit les fit disparaître en grande partie ; elle offrit de plus l'avantage que ses bords inférieurs ne pouvaient rencontrer d'obstacles dans les accidents, quels qu'ils fussent, du terrain sous-marin. Cette machine est en bois. Des poids attachés en dessous doivent avec celui de la machine elle-même égaler celui du volume d'eau à déplacer ; mais comme ces poids seuls ne suffiraient pas pour forcer la machine à descendre, on ajoute un dernier poids, qu'on peut au surplus descendre ou remonter à volonté. On fait alors descendre la cloche, au moyen de la corde à laquelle elle est suspendue. Cette corde ne risque point de se rompre, parce que, à proprement parler, elle ne porte que le poids supplémentaire qui a déterminé la descente de la cloche. Ce poids, que l'inventeur appelle balance ou contre-poids, se trouve à une assez grande distance au-dessous de la cloche, afin que si la cloche se trouve arrêtée par quelque obstacle, ce poids touchant d'abord le fond, la cloche soit allégée et se remette à flot, ce qui éloigne tout danger pour la machine d'être renversée ; ce qui ne manquerait pas d'arriver, si la machine, plus lourde que le volume d'eau déplacé, s'accrochait par un de ses côtés à quelque pointe saillante de roche. Ce poids-balance fait encore pour le plongeur l'office d'ancre ; car, en lui donnant plus ou moins de corde, il se maintient à la hauteur qu'il veut. Pour descendre jusqu'au fond, il n'a qu'à tirer à lui toute la corde, de manière à ne laisser aucun intervalle entre le fond de la machine et le poids.

M. Spalding ne s'en est pas tenu là ; il a voulu que le plongeur pût faire monter sa cloche à son gré jusqu'à la surface même de l'eau ; qu'il pût rester à telle hauteur qu'il jugerait convenable, et qu'il ne courût aucun danger, alors même que la corde qui soutient la machine finirait par se rompre. Pour cela, il a divisé la cloche en deux cavités, fermant chacune aussi hermétiquement que possible. Immédiatement au-dessus du second fond et sur les côtés de la cloche, sont de petites fentes par lesquelles l'eau s'introduit à mesure que la machine descend. L'air qui se trouve enfermé dans cette cavité, pressé par l'eau qui entre, s'enfuit par un robinet pratiqué à la partie supérieure, force l'eau à sortir ; ce qui allège la cloche du poids de toute l'eau qui est sortie.

De tout cela il résulte que si la cavité supérieure ne contient qu'un peu d'eau, la cloche descend, forcée par le poids de l'eau qui entre. Si l'air est en plus grande quantité, le volume d'eau devient moindre, et la cloche reste stationnaire, c'est-à-dire qu'elle ne monte ni ne descend ; si enfin l'air occupe la cavité tout entière, la cloche monte jusqu'à la surface de l'eau. Il est à observer que cette opération doit se faire avec précaution et lentement, parce que si l'air remplissait tout d'un coup la cavité supérieure, la machine monterait si rapidement que le plongeur pourrait être renversé de son siége. Avec de la prudence on éloigne jusqu'à l'apparence du danger ; et l'on peut diriger et conduire la cloche dans l'eau en tous sens, au moyen d'un petit bateau et d'une corde.

ART DE LA NATATION.

On avait fait un art de la faculté de plonger ; on en a fait un de la natation, c'est-à-dire de la faculté de se tenir sur l'eau, à l'aide du mouvement des bras et des jambes, et même de s'y diriger en tous sens.

On a cru d'abord et soutenu que, de même que tous les animaux, l'homme pourrait nager naturellement, s'il pouvait bannir toute crainte ; mais c'est là une très-grande erreur, démontrée mille fois par l'expérience. Qu'on jette dans l'eau un chat, un chien qui vient de naître, cette bête nagera. Jetez-y un enfant, et l'enfant sera infailliblement noyé. La bête se sauve, dit-on, parce qu'elle n'a pas la connaissance du danger ; mais le jeune enfant d'un mois ne l'a pas davantage, et cependant il périra si l'on

ne vient à son secours. Où prend-on d'ailleurs l'idée
que les animaux ne sentent pas le danger ? l'expérience est encore là pour nous prouver le contraire.
Un chien qui tombe dans l'eau et se sent entraîner
par le courant, cherche à gagner le bord.

Il ne faut donc pas chercher où elle n'est pas la
cause qui ne permet pas à l'homme de nager naturellement, comme tous les animaux peuvent le faire.
Cette cause, c'est la situation différente du centre
de gravité dans les animaux et dans l'homme ; chez
celui-ci, ce qu'il y a de plus lourd dans son corps,
c'est la tête ; chez la bête, au contraire, la tête est
moins pesante que le reste du corps. Il y a donc un
art qui consiste pour l'homme à déplacer ce centre
de gravité en tenant la tête relevée, et surtout à se
donner à la surface de l'eau la plus grande extension
possible, soit par la position du corps, soit par le
mouvement des bras et des jambes qu'on promène
au-dessus de l'eau, de manière à ce qu'ils frappent
successivement plusieurs points de la surface.

Au reste, la manière de nager s'acquiert par l'exercice plus encore que par les règles ; les insulaires de
la mer du Sud sont tous excellents nageurs, et ils
n'auraient rien à apprendre des plus habiles professeurs des écoles de natation de Paris.

ÉCLAIRAGE PAR LE GAZ.

De toutes les découvertes que nous devons à la
chimie moderne, il en est peu d'aussi répandues, et

en même temps d'aussi utiles , que l'éclairage par le gaz. C'est ce même gaz inflammable que nous voyons quelquefois se développer d'une façon si terrible dans les mines de charbon , qui, dompté, maîtrisé par l'industrie humaine, remplace avec un immense avantage les lampes à huile, les chandelles puantes et la clarté plus pure des bougies, et fournit une lumière brillante, presque rivale du jour.

On retire ce gaz du charbon par ce grand ressort de la nature, cet agent universel qui décompose tous les corps, le feu, qui détruit et qui vivifie. On emploie pour cela une retorte de fer, longue d'environ 3 pieds, d'un diamètre un peu moindre, ouverte par une de ses extrémités, à laquelle s'adapte solidement, au moyen de vis, une espèce de porte du même métal qui ferme hermétiquement la retorte après qu'on l'a remplie de charbon. On place ensuite le tout dans une espèce de four ou de fourneau , de manière à ce que la chaleur puisse agir non-seulement sur le fond de la retorte, mais encore sur les côtés. Il faut un feu assez vif pour que le fer rougisse ; mais on a soin de placer la retorte sur une plaque de fer fondu, afin que la chaleur agisse d'une manière plus égale. Un tuyau, aussi de fer fondu, conduit le gaz à un réfrigérant de même matière, dans lequel on dépose tous les résidus de la retorte. Du réfrigérant le gaz arrive à un grand réservoir.

Un instrument, qu'on appelle *gazomètre*, sert à rendre égale l'émission des gaz qui sortent de la retorte avec plus ou moins de force. Avant d'y arriver,

le gaz traverse un vaisseau plein d'eau de chaux,
où il se dépouille de son odeur sulfureuse et bitumi-
neuse. Du gazomètre il passe dans divers tubes qui,
par une infinité de conduits, le distribuent partout
où il doit servir à l'éclairage. Ces conduits se terminent d'ordinaire par un orifice d'un petit diamètre, duquel le gaz s'échappe en jet; dès qu'on l'a
allumé, il continue de brûler tant qu'il n'est pas
épuisé ou qu'on en fournit dans le conduit. Quelquefois, au lieu d'un simple orifice, le conduit se ter-
mine par une plaque percée de petits trous par lesquels le gaz sort en petits jets, ce qui forme une assez brillante illumination.

On a calculé qu'un gazomètre de 7 pieds de haut
sur 5 de diamètre, et dont la retorte contient
25 livres (12 kilogrammes) de charbon, peut fournir
pendant cinq heures à huit lampes, à raison de
4 pieds cubes par heure pour chaque lampe, lesquelles huit lampes donnent une lumière égale à celle
que pourraient donner cent soixante lampes à huile
ordinaire.

On sait que le résidu de la retorte donne d'excel-
lent coke, dont on fait un grand usage dans les manufactures.

Il y a cinq ou six ans qu'on fit à Paris une expérience qui réussit, mais dont on n'a pas tiré parti,
parce que l'utilité qu'elle aurait pu avoir n'aurait pas
répondu aux dépenses. Par un procédé particulier,
l'inventeur obtint du gaz inflammable une lumière si
vive, qu'on aurait pu se croire en plein jour. Nous

n'aurions pas cru la chose possible, si nous ne l'avions vue de nos propres yeux. Il est certain qu'une centaine de réverbères semblables auraient suffi pour éclairer tout Paris ; car à l'ombre même, c'est-à-dire où la lumière arrêtée par quelque obstacle n'arrivait pas, on voyait assez clair pour lire. Cela tient du prodige ; par malheur, c'est un prodige à peu près inutile et sans résultat, qu'on peut mettre sur la même ligne où il semble que depuis quelques années on ait mis les aérostats.

ARBRE MÉTALLIQUE, OU DE DIANE.

C'est une espèce de végétation métallique artificielle, dans laquelle on voit se former un arbre avec ses branches par le mélange de deux métaux et d'un dissolvant, tel que l'esprit de nitre ou acide nitrique, et l'eau-forte ou acide nitreux du commerce. Les deux métaux les plus propres à cette opération, plus amusante qu'utile, sont l'argent (*Diane*) et le plomb (*Saturne*). L'arborisation se produit par l'effort que fait l'un des métaux placés dans le bocal avec le dissolvant pour séparer ses parties, entre lesquelles cherchent à s'introduire les parties de l'autre métal. Les alchimistes attachaient autrefois une grande importance à la production de ces arbres métalliques, parce que cette découverte semblait leur en promettre d'autres, et devoir à la fin les conduire à la conclusion du grand œuvre, la transformation des métaux en or.

GALERIE SOUTERRAINE DE RONDA.

Ce n'est pas sans raison qu'on a dit que les Arabes avaient fécondé le sol de l'Espagne, et l'avaient laissé couvert de leurs monuments ; et l'on peut dire que tout ce qu'on voit encore dans ce pays de grand et de majestueux, s'il n'est l'ouvrage des Romains, est bien certainement celui des Arabes, sauf quelques exceptions extrêmement rares.

La petite ville de Ronda, construite sur le sommet d'un rocher élevé et aride, manquerait totalement d'eau, si la petite rivière de Guadiaro, qui baigne le pied de la montagne, ne conservait toute l'année des eaux fraîches et abondantes, suffisant à la consommation des habitants. Après que, par des conquêtes successives, les rois de Léon et de Castille d'un côté, ceux de Portugal et d'Aragon de l'autre, eurent refoulé les Arabes vers les rivages de la mer, ceux-ci se retranchèrent dans le canton qu'on leur laissait, et chacune de leurs villes s'entoura de murailles. Celle de Ronda était un des boulevards du royaume de Grenade. Mais il ne suffisait pas aux habitants d'avoir des remparts, ils voulurent s'assurer encore les moyens de se pourvoir d'eau, même en temps de siége, sans que les ennemis pussent les en empêcher. Ils y parvinrent en creusant dans la roche vive une galerie souterraine, qui du milieu de la ville conduit par quatre cents degrés jusqu'au bord de la rivière. Cette galerie subsiste encore, quoique l'incurie des Espagnols l'ait laissé détériorer.

8*

CITERNE D'ELVAS.

Cette citerne est un des plus beaux monuments de l'art que le Portugal puisse offrir aux curieux. La ville est construite sur un coteau rocheux, et c'est dans le cœur même de la roche que la citerne est creusée. Elle est si spacieuse, que l'eau qu'elle contient peut suffire pendant six mois aux besoins des habitants, au nombre d'environ quinze mille. Elle est alimentée par un superbe aqueduc long d'une lieue, qui, dans certains endroits, est supporté par cinq rangs d'arcades superposés. Il n'est pas nécessaire de dire que l'aqueduc et la citerne sont un ouvrage des Romains.

TABLEAUX ET TENTURES DE PLUMES.

Les Mexicains ne savaient ni lire, ni écrire, ni peindre; ils avaient pourtant des annales où ils savaient lire l'histoire de leurs souverains; mais ce qui a le droit d'étonner, c'est que des hommes qui n'avaient pas même l'idée du dessin aient fait des tableaux et des tentures avec des plumes de diverses couleurs, attachées à un fond blanc, noir ou rouge, suivant le sujet qu'ils voulaient représenter. Souvent même ce sont les plumes qui forment le fond, parce que, par la manière dont elles sont tressées, elles présentent un véritable tissu. Nous avons vu, au château de Buytrago, dans la Nouvelle-Castille, appartenant au duc de l'Infantado, une chambre assez vaste, ornée d'une tenture de plumes. Ces tentures consistaient en de longs tapis d'un tissu solide, tout formé de plumes disposées avec tant d'art qu'elles représentaient, presque aussi bien que l'aurait pu faire un peintre avec son pinceau, des arbres, des animaux, des paysages, des fleurs et autres objets. Ces tableaux avaient été fabriqués au Mexique, d'où ils avaient été apportés en Europe par un des ancêtres du duc de l'Infantado, qui avait eu en Amérique le gouvernement d'une grande province. En examinant ces singuliers ouvrages, nous ne pouvions concevoir tout ce qu'il avait fallu à leurs auteurs de peine, de fatigue, d'adresse et surtout de patience.

ÉTANG ARTIFICIEL D'ALICANTE. — BASSIN DE SAINT-FERRÉOL.

La ville d'Alicante en Espagne, célèbre par ses bons vins, est située sur le bord de la mer, dans une contrée abondante et fertile, que la nature avait d'abord condamnée à la stérilité, en lui refusant l'eau si nécessaire à la végétation. Mais l'art est venu au secours de la nature, et à cinq lieues de la ville, au nord-ouest, il existe un vaste réservoir dont les eaux distribuées avec intelligence suffisent à tous les besoins de l'agriculture. Ce réservoir, produit de l'industrie des Maures, passe chez les Espagnols pour une merveille de la nature et de l'art réunis.

On voit à neuf ou dix lieues d'Alicante, près des villages de Byar et de Castella, sourdre du pied des montagnes huit ou dix sources peu abondantes, mais qui, par la jonction de leurs eaux, opérée à quelque distance, forment un petit ruisseau que les pluies de l'hiver enflent tous les ans, et que par un précieux privilége les chaleurs de l'été ne font jamais tarir. Ce ruisseau coule l'espace d'environ quatre lieues entre deux chaînes de rochers élevés, dont le fond très-étroit lui sert de lit. A cinq lieues d'Alicante, ces deux chaînes se séparent, s'éloignent l'une de l'autre ; mais bientôt elles se rapprochent, après avoir décrit des deux côtés un demi-cercle allongé, et finissent presque par se joindre, de telle sorte qu'il reste à peine entre elles la place nécessaire pour le passage de l'eau.

Pour former un vaste bassin de l'espace compris dans l'ellipse, il ne s'agissait que d'en fermer l'issue ; c'est ce qu'on a fait. On a construit en ce lieu un mur très-solide, au pied duquel on a pratiqué une ouverture qu'on ferme par un robinet. Les eaux pluviales se réunissent dans ce réservoir, que dans le pays on appelle *el pantano*, le marais ; celles du ruisseau en augmentent continuellement le volume, et par ce moyen la campagne ne manque jamais d'arrosage.

Les Espagnols n'ont pas tort de vanter leur réservoir d'Alicante, dont au surplus l'idée créatrice ne leur appartient pas ; mais en ce lieu la nature avait presque tout fait ; elle a laissé à l'art peu de chose. Il en a été autrement au bassin de Saint-Ferréol, vaste réservoir placé sur une haute colline, et dont

les eaux précieusement recueillies alimentent le canal
du Midi, et remplacent les eaux qui s'écoulent par
le jeu des écluses. Ici l'art a profité des accidents
du terrain, mais c'est lui qui a presque tout fait.
Dans plusieurs parties il a fallu creuser la roche
vive; en d'autres, élever de solides murailles; des
travaux non moins considérables ont été nécessaires
pour amener les eaux de l'extérieur dans le bassin.
Les curieux qui passent aux environs ne manquent
pas de visiter Saint-Ferréol et d'aller admirer, sous
la voûte silencieuse qui le couvre, l'immense robinet
dont la grosseur égale celle du corps d'un homme,
et dont on ne fait tourner la clef qu'à l'aide d'un
long levier. Au moment où l'on ouvre le robinet, il
se fait une détonation violente, qui, retentissant
sous la voûte et répétée par l'écho, ressemble à un
coup de tonnerre.

TUNNEL A LONDRES.

Il existe sous les rochers de Gibraltar une caverne
dont l'entrée fort étroite est obstruée par des buissons et des plantes grimpantes. De cette entrée on
parvient à une grande salle, à laquelle aboutissent
plusieurs galeries qui s'enfoncent plus ou moins dans
les entrailles de la terre. On prétend même dans le
pays qu'une de ces galeries, où un Anglais, dit-on
(et il est permis d'en douter), pénétra ou plutôt se
fit descendre avec des cordes à 500 brasses de profondeur, communique avec le continent africain par

un prétendu passage sous-marin qui, ajoute-t-on, sert de route aux singes qui vivent en troupes sur ces rochers, qu'on ne trouve nulle autre part en Espagne, et qui *par conséquent ne peuvent venir que de l'Afrique*, disent très-sérieusement les habitants de Gibraltar. Il est probable que l'idée de ce passage sous-marin, agissant sur quelque tête anglaise, a fait naître celle d'un passage sous la Tamise. Ce qui est certain, c'est qu'aujourd'hui ce passage existe ; mais il faut dire que si un Anglais a conçu le projet, il a fallu un Français pour l'exécuter ; ce Français est l'ingénieur Brunel.

Le tunnel, ou passage sous la Tamise, a 1,300 pieds de long ; ce sont 300 pieds de plus que la largeur du fleuve. Ce passage, commencé il y a plus de vingt ans (3 mars 1825), a été construit pour établir une communication nécessaire entre les deux rives de la Tamise. Il se trouve à deux milles à peu près de distance du pont le plus voisin, et il n'était guère possible d'élever un nouveau pont en ce lieu, à cause du nombre infini de bâtiments qui arrivent et partent tous les jours, et dont le passage aurait été empêché par l'existence d'un pont à l'entrée de Londres et au-dessous des ports.

Cette route souterraine, qui a coûté, dit-on, 300,000 livres sterling, se compose de deux galeries séparées dans leur longueur par une forte muraille, qui sert aussi de mur de soutenement à la voûte. Cette muraille est percée d'une infinité d'arcades. Le creusement du passage a été calculé de manière qu'il reste au moins 14 pieds de terre au-dessus de la voûte et au-dessous de l'eau. Malgré les moyens ingénieux qui ont été mis constamment en usage dans la confection des travaux, il s'était opéré deux crevasses vers le milieu du fleuve, et les galeries avaient été inondées. L'ingénieur ne perdit point courage, et les crevasses furent promptement comblées avec des sacs d'argile mêlée de gravier; il fallut mille charretées de matériaux pour combler une de ces fentes; l'autre était moins considérable.

Le défaut de fonds avait fait suspendre les travaux, et l'on publiait déjà qu'ils ne seraient pas repris. Il faut rendre justice aux Anglais sur ce point: quand ils ont entrepris un ouvrage utile, ils ne l'abandonnent pas aisément. Les actionnaires se réunirent de nouveau pour une mise de fonds, et le parlement même vint au secours de l'entreprise. Heureusement le plus fort de l'ouvrage était fait, car on avait passé le milieu du fleuve où le lit a moins d'épaisseur, et cette circonstance encouragea probablement les actionnaires.

APPRIVOISEMENT, INSTRUCTION DES ANIMAUX.

L'apprivoisement est l'art de rendre par l'éducation les animaux plus doux, plus souples et plus obéissants, et de dompter leur férocité naturelle. Il n'est pas nécessaire de dire que cet art n'appartient à l'homme que par la supériorité que lui donne sur les bêtes une raison amplement développée. Ce n'est guère que chez les peuples civilisés qu'on voit de frappants exemples d'apprivoisement. Là où la raison est encore dénuée du secours de l'expérience et des lumières, l'homme ne songe qu'à vaincre les animaux plus faibles que lui, à éviter ceux qui sont plus forts et à se défendre de leurs attaques.

L'art d'apprivoiser les animaux féroces est très-ancien, et l'on peut croire que la fable d'Orphée endormant Cerbère au son harmonieux de sa lyre, signifie que des moyens doux peuvent s'employer parfois avec succès contre le tigre et la panthère. Paris a vu, il y a quelques années, un lion, une hyène, un éléphant apprivoisés et dressés par Martin; il a vu plus tard d'autres merveilles : Van-Amburgh et Carter, s'enfermant dans la même cage avec des lions, des tigres, des ours, des léopards, des hyènes, etc., ont laissé bien loin derrière eux leur précurseur Martin. Il faut convenir toutefois que ce métier-là n'est pas sans danger; car les *apprivoiseurs* y ont assez souvent gagné des blessures plus ou moins dangereuses. On prétend à ce sujet qu'un habitant d'Albion avait parié une somme considérable que, dans un délai déterminé, Van-Amburgh serait tué par quelqu'une de ses bêtes, et que, pour gagner son pari, il suivait partout l'apprivoiseur, voulant assister, disait-il, *à son dévorement.* Il est à souhaiter que l'Anglais perde son enjeu; mais il n'en est pas moins vrai qu'il n'a que trop de chances de gain.

Il ne faut pas confondre avec l'apprivoisement

l'instruction donnée aux animaux, car l'apprivoisement ne s'attache qu'aux mœurs de l'animal, qui
devient doux et traitable de sauvage et cruel qu'il
était. L'instruction suppose toujours l'apprivoisement préalable, si l'animal n'est de lui-même d'un
naturel doux, comme le chien, le cheval, etc. Mais
un animal peut être apprivoisé sans être pour cela
savant.

On apprivoise aisément l'éléphant et le singe, et
lorsqu'on leur a fait perdre tout ce qu'ils ont de sauvage, il devient facile de les instruire. Nous avons
vu des chiens savants, des oiseaux, des chats, des
éléphants, des singes et jusqu'à des lièvres. Tout
Paris se souvient du fameux chien Munito, qui jouait
aux échecs ; de chats qui puisaient dans un puits,
non de l'eau, mais le morceau de viande qui leur
servait de récompense ; du lièvre qui faisait l'exercice, et tirait un coup de pistolet quand son maître
lui criait *feu*, etc. Tous les jours encore on voit les
chevaux dressés par Franconi et par Baucher exécuter des choses si extraordinaires qu'on ne sait ce
qu'on doit le plus admirer, de l'intelligence prodigieuse de ces animaux, ou de la patience qu'il a fallu
dans leurs instituteurs pour les amener à ce point.

Mais de tous les animaux dont l'instinct dirigé par
l'éducation se rapproche le plus de ce que nous appe-
lons intelligence, il n'en est pas de plus étonnant que
l'orang-outang, qu'on a quelquefois désigné par le
nom de *satyre*, que les Africains appellent l'*homme
des bois*, et qui au fond n'est qu'un singe de la

grande espèce. L'orang-outang est naturellement très-sauvage, et comme il n'est pas moins intelligent que vigoureux et agile, il n'est pas facile de le prendre ; quand il est parvenu à un âge avancé, ou s'il arrive alors qu'on le prenne à l'aide de quelque piége, il est très-difficile de l'apprivoiser ; mais quand on le prend jeune, on l'apprivoise très-aisément, et on lui enseigne alors une infinité de choses que beaucoup d'hommes ne font pas mieux ni même aussi bien.

Buffon parle d'un de ces animaux qu'il a vu de près, et dont il donne en quelque sorte la biographie. Il était, dit-il, doux, affectueux, d'un bon naturel ; mais il avait l'air un peu triste. Sa démarche était lente, ses mouvements mesurés, ses manières agréables. Il n'avait ni l'impatience des singes sauvages, ni leur malice. Il était facile de voir qu'il avait profité de l'instruction qu'il avait reçue. Il ne fallait qu'un mot pour le faire agir, au lieu que pour obtenir des singes la moindre chose, quoiqu'ils eussent été élevés comme lui, il était nécessaire d'en venir aux coups. Cet orang-outang, dit le même écrivain, présentait la main aux personnes qui venaient le voir pour les reconduire, ou bien il se promenait gravement avec elles, comme s'il eût fait partie de leur société. Il s'asseyait à table, dépliait sa serviette, s'essuyait la bouche, se servait de fourchette, versait du vin dans son verre qu'il choquait avec ceux des personnes qui voulaient trinquer avec lui ; quand on l'invitait à prendre du thé, il allait chercher une tasse, la plaçait sur la table, y mettait du sucre, se versait le thé, et savait très-bien le laisser refroidir avant de le porter à ses lèvres. Il exécutait tout cela sur de simples signes de son maître, quelquefois sur un seul mot, et assez souvent de lui-même. Quand il entrait dans le salon, il s'approchait timidement des personnes qui s'y trouvaient, comme s'il eût voulu leur demander quelques caresses, qu'au surplus on ne lui refusait pas.

Il n'y a pas beaucoup d'années qu'on faisait voir à Londres un de ces animaux qu'on avait pris aux îles de la Sonde, et qui avait une grande ressemblance dans les formes avec celles de l'homme. Tant qu'il fut sur le navire qui le transporta d'Asie en Angleterre, il mangeait du biscuit, des noix, des fruits, toute sorte d'aliments et même de la viande ; il buvait du *grog* (sorte de boisson faite avec du rhum, ou de l'eau-de-vie, et de l'eau) et même des liqueurs fortes ; on l'avait aussi accoutumé au thé et au café ; arrivé en Angleterre, il montra beaucoup de goût pour le *porter*. Quand il avait froid ou sommeil, il s'emparait sans façon d'un manteau, d'un oreiller, et s'arrangeait pour dormir le mieux qu'il pouvait. Il arrivait quelquefois qu'on se plaisait à lui faire gagner ce qu'on lui donnait, en le lui montrant et aussitôt après en le cachant. Alors il se mettait à suivre les personnes qui lui avaient fait voir le morceau de biscuit ou toute autre chose, il criait, il pleurait, il se couchait sur le dos, donnait tous les signes de la colère ; si tout cela était inutile, il se glissait le long de quelque corde jusqu'au bord de l'eau, comme s'il eût voulu s'y jeter ; mais au bout d'une ou deux minutes, il prenait le parti de remonter.

Il montrait d'ailleurs beaucoup d'antipathie pour les singes, et si on l'avait laissé faire, il aurait jeté dans la mer tous ceux qui étaient à bord.

PEINTURE A L'AQUARELLE.

Ce n'était pas assez d'avoir poussé au plus haut point l'art de représenter les objets par le pinceau ; on voulait une peinture facile, expéditive, n'exigeant que très-peu de préparatifs, ne produisant ni mauvaise odeur, ni malpropreté, comme la peinture à l'huile, offrant de la fraîcheur, du coloris, et surtout une finesse de ton qu'il n'est guère possible d'atteindre avec l'empâtement des couleurs à l'huile. Tous ces avantages se retrouvent dans l'aquarelle, pour laquelle on n'emploie que des couleurs délayées à l'eau légèrement gommée, quelquefois même le suc qu'on retire par expression des fleurs ou des feuilles.

L'aquarelle n'offrait autrefois que très-peu de ressources ; l'art était dans l'enfance. Plus tard les dessins coloriés de Nicole, représentant des vues de Rome, firent revivre un genre oublié. Les Anglais s'en emparèrent, et fondèrent une espèce d'académie d'aquarellistes qui fournissaient périodiquement des ouvrages aux expositions publiques. Le succès obtenu par les aquarellistes excita l'émulation ; il était réservé aux Français de perfectionner. Les sujets furent

choisis avec discernement, les dessins devinrent plus
purs, les couleurs plus sagement employées ; ce
genre s'étendit. L'Anglais Bonnington avait importé
en France l'aquarelle. On fit venir des couleurs de
Londres, et beaucoup de peintres français adoptèrent cette nouvelle manière de peindre.

Les Anglais sont restés longtemps nos maîtres ;
mais nos artistes n'ont pas voulu leur laisser l'honneur du triomphe. Les Dévéria, les Johannot, les
Charlet, les Delaroche et beaucoup d'autres, redou-
blant d'ardeur et de soin, ont enfin montré aux
Anglais des rivaux et même des supérieurs.

On s'était d'abord imaginé que l'aquarelle ne pouvait convenir qu'aux paysages : on a reconnu aujour-
d'hui qu'elle se prête à tous les genres ; elle fait le por-
trait et les scènes héroïques ou familières, comme
les fleurs et le paysage. Elle doit cet avantage à la
finesse et à la transparence des teintes, de même
qu'à l'éclat des couleurs, qui, délayées à l'eau, s'al-
tèrent beaucoup moins que broyées à l'huile.

POISONS ET AQUA-TOFANA.

L'industrie ne s'est pas toujours exercée dans l'intérêt des arts ni pour le bien de l'espèce humaine ; elle
a quelquefois dirigé ses recherches dans l'intention
de nuire et d'anéantir. On doit placer au premier
rang de ces criminelles industries celle de la fabrication des poisons, présque aussi ancienne sur la
terre que l'homme lui-même.

La plupart des peuples, dans leur enfance, se sont servis de flèches empoisonnées pour faire plus de mal à leurs ennemis et rendre mortelles les plus légères blessures. Et voilà quels furent ces hommes de la nature, tant vantés par certains philosophes du XVIIIe siècle, qui du reste voulaient nous apprendre à *marcher à quatre pattes*, pour que nous fussions plus semblables à l'humanité primitive. Une expérience acquise sans doute à leurs propres dépens leur avait fait connaître les substances vénéneuses que le règne végétal surtout produit abondamment.

Le mancenillier des Antilles (l'hippomanis végétal de Brown) est connu pour la subtilité des poisons qu'il fournit et la rapidité de leurs effets. Les sauvages qui veulent extraire le suc de cet arbre ont grand soin de se couvrir le visage, de crainte qu'en jaillissant de l'incision qu'ils font à l'écorce, cette sève délétère ne les aveugle ou même ne leur donne la mort. Les Africains usent d'une semblable précaution quand ils veulent extraire la gomme résineuse de l'euphorbier. La liqueur qui découle du mancenillier est reçue dans des coquilles, où elle ne tarde pas à s'épaissir. On y trempe alors le bout des flèches, et ce poison est si terrible que si l'animal contre lequel la flèche se dirige est atteint, il expire en quelques secondes, quoique sa peau n'ait été que faiblement effleurée. On a essayé en Europe sur des animaux des flèches empoisonnées en Afrique cent cinquante ans auparavant, et l'activité du poison n'avait presque pas souffert de diminution.

On assure que le seul contre-poison efficace, pourvu qu'on en fasse usage immédiatement, c'est un peu de sel commun, et à défaut de cette substance quelques verres d'eau de mer.

Le poison qu'on tire par ébullition des racines de la liane ou béjuque de la Guiane, connue sous le nom de *curara*, n'est pas moins dangereux que celui du mancenillier, et la vapeur qui s'exhale de la chaudière où l'on a mis ces racines à cuire, serait promptement mortelle si on l'aspirait par la bouche ou par le nez. Et comme si ce poison n'était pas assez subtil, plusieurs peuples ajoutent à la liane d'autres plantes vénéneuses. Ce poison n'agit que sur le sang, qu'il coagule avec une effrayante rapidité; il se conserve très-longtemps. Des flèches empoisonnées depuis trois à quatre ans tuent en deux minutes les plus forts animaux. Si toutefois le poison n'a point pénétré dans le sang, il n'y a pas de danger, et l'on peut manger sans risque le gibier tué de cette manière.

La Condamine avait apporté des bords du Maragnon des flèches empoisonnées par la décoction du béjuque. On piqua deux poulets à Leyde avec deux de ces flèches; ils moururent, savoir: l'un, presque immédiatement; l'autre, deux minutes plus tard, parce qu'on lui avait fait prendre du sucre, indiqué comme contre-poison.

Il croît dans l'île de Macassar un arbre dont le venin est si actif, que le miellat qui découle de ses feuilles suffit par ses exhalaisons pour donner la mort à l'imprudent que son ombrage invite à s'y reposer.

Les insulaires trempent, dans le poison qu'ils recueillent par incision, le bout de très-petites flèches qu'ils soufflent au moyen de longues sarbacanes. Ce poison agit, dit-on, avec une promptitude que rien n'égale. L'animal atteint tombe comme frappé de la foudre; et en moins d'une heure ses chairs se décomposent si complétement qu'elles tombent en lambeaux.

Nous n'entendons nullement ici parler de tous ceux qui ont fait un art véritable de la préparation et de l'emploi des poisons. Nous ne citerons que deux ou trois exemples de ce que peut cet art infernal, quand il est exercé par des personnes dont le cœur s'est fermé aux salutaires préceptes de la religion.

La marquise de Brinvilliers s'était liée avec un misérable qui se faisait appeler le chevalier de Sainte-Croix, et qui n'était qu'un très-habile fabricant de poisons qu'il composait, suivant les circonstances, pour donner une mort prompte, ou ne tuer qu'au bout d'un temps assez long pour qu'il ne pût y avoir aucun soupçon d'empoisonnement. Il communiqua ses funestes secrets à la marquise, qui s'en servit avec un bien triste succès sur son père, ses deux frères, sa sœur et beaucoup d'autres personnes. Sainte-Croix mourut; on dit qu'il s'empoisonna lui-même, faute d'avoir pris les précautions nécessaires en composant un poison destiné à un éminent personnage. Des papiers trouvés chez lui firent découvrir la marquise, qui eut à peine le temps de se sauver. Elle fut condamnée par contumace à avoir la tête tranchée. Au bout de quelques mois elle fut arrêtée à Liége, où, s'aveuglant sur les dangers qui la menaçaient, elle s'était arrêtée: ainsi l'avait voulu la divine Providence. Conduite à Paris en 1676, elle fut décapitée et son corps jeté dans les flammes.

Cet exemple terrible fut perdu pour Catherine Des Haies, veuve du sieur de Mont-Voisin, plus connue sous le nom de La Voisin. L'année même qui suivit le supplice de la Brinvilliers, elle s'associa avec quelques scélérats pour la fabrication et la vente des poisons. Elle cachait ce coupable commerce sous le prétexte de lire l'avenir dans les cartes, de tirer des horoscopes, et même d'être un peu sorcière. Plusieurs morts subites donnèrent des soupçons; on fit des recherches, et les membres de l'association furent découverts, jugés, condamnés et brûlés en 1680. La Voisin, dans ses interrogatoires, nomma plusieurs grands seigneurs et des dames de haut parage, entre autres la comtesse de Soissons, née Mancini, qui crut prudent de chercher une retraite en pays étranger, et y mourut soupçonnée d'avoir empoisonné son mari et d'autres personnes.

Ce n'est pas seulement en France que la fabrication des poisons était une branche d'industrie, et la Sicile a eu sa Brinvilliers. Le P. Labat, auteur de plusieurs voyages en Amérique, en Espagne, en Italie, etc., et mort en 1738, parle d'une célèbre empoisonneuse de Palerme, qui s'appelait Tofana, et qui, après avoir fait périr cinq à six cents personnes, fut découverte et poursuivie, arrachée, en vertu d'ordres de l'autorité, d'une église qui avait droit d'asile, et traînée au supplice. Ce poison consistait en une eau limpide, transparente, insipide, inodore, qui devait ses qualités délétères à la présence de l'arsenic; mais cette substance s'y trouvait si bien déguisée par son mélange avec d'autres substances, qu'il n'était pas possible de la reconnaître. La science chimique était alors trop peu avancée pour arriver à décomposer une substance quelconque, de manière à reconnaître tous ses éléments. Il ne fallait que quelques gouttes de cette eau, *Aqua-Tofana*, pour donner la mort. L'effet de ce poison était d'ailleurs fort lent : les forces diminuaient peu à peu, l'appétit se perdait; il survenait un dégoût de la vie que rien ne pouvait surmonter ; on souffrait d'une soif ardente. On mourait peu à peu chaque jour, chaque heure ; mais on n'éprouvait ni convulsions, ni douleurs atroces, comme cela arrive aux personnes empoisonnées par des compositions arsénicales. Ainsi la mort devenait en quelque sorte complice du cime.

MIROIR ARDENT ET VIS D'ARCHIMÈDE.

Quand les troupes romaines faisaient le siége de Syracuse, sous les ordres de Marcellus, l'an 212 avant l'ère vulgaire, Archimède déploya pour la défense de sa patrie (1) toutes les ressources de son art. Il fit construire des machines qui lançaient sur les Romains de lourds projectiles; avec d'autres

(1) Il était né à Syracuse, l'an 287 avant Jésus-Christ.

machines il accrochait leurs galères, les enlevait et les brisait contre les rochers ; et comme tous ces moyens n'arrêtaient pas les progrès du siége, il construisit des miroirs ardents avec lesquels, du haut des remparts de la ville, il parvint à brûler la flotte ennemie.

On a longtemps douté de la possibilité de ce fait; Buffon l'a démontrée en 1746 par la meilleure de toutes les démonstrations, l'expérience. Il construisit un miroir concave composé de 128 miroirs plans diversement inclinés, de manière pourtant que les rayons éfléchis par ces 128 miroirs se réunissent à un foyer commun, à la distance d'environ 200 pieds, et il enflamma des pièces de bois. Il construisit ensuite un second miroir composé de 221 pièces, et il fondit des assiettes d'argent placées à 50 pieds de distance.

On sait quelle fut la fin tragique d'Archimède. La constance de Marcellus ayant triomphé de tous les obstacles, Syracuse fut emportée d'assaut. Il avait ordonné d'épargner Archimède ; mais ses ordres furent mal exécutés. Un soldat romain, l'ayant rencontré sur le bord de la mer, occupé à tracer sur le sable des figures géométriques, le tua sans le connaître.

Archimède fut le plus grand mathématicien de l'antiquité. On lui doit un grand nombre de procédés mécaniques et hydrostatiques. Qui ne connaît la vis fameuse qui porte son nom, vis ou plutôt spirale creuse, où l'eau monte de son propre poids, et dont on se sert encore aujourd'hui avec le plus grand succès pour dessécher un bas-fond, un fossé, un puits, un marais, etc.? Marcellus lui fit ériger un mausolée où, suivant le désir qu'il avait montré de son vivant, on grava une sphère dans un cylindre. Ce désir tenait à une circonstance particulière. Il avait démontré, dans son *Traité de la Sphère*, qu'une sphère était égale en surface à un cylindre qui aurait pour base un grand cercle de cette sphère et pour hauteur son diamètre, et, en volume, aux deux tiers de ce cylindre.

Cette vis d'Archimède consiste en un tube creux, tournant en spirale autour d'un cylindre. L'orifice inférieur du tube plonge dans l'eau qu'on veut élever ou extraire; quand on fait tourner le cylindre, au moyen d'une manivelle, l'eau s'élève dans le tube et se décharge par l'orifice supérieur.

DES AQUEDUCS.

On entend par ce mot aqueduc toute construction apparente ou souterraine destinée à conduire l'eau d'un lieu à un autre. Quand la source est voisine du lieu où l'aqueduc doit aboutir et qu'il ne faut traverser qu'un pays plat et uni, la construction d'un aqueduc n'a rien de bien difficile ni de bien remarquable; mais s'il faut percer une éminence, un rocher, une montagne; s'il faut ensuite traverser une profonde vallée pour porter l'eau sur la montagne voisine, il faut incontestablement s'attendre à des constructions gigantesques; chef-d'œuvre d'industrie architecturale, où il ne s'agit pas de plaire aux yeux par l'agrément des formes, mais d'étonner l'imagination par le spectacle de la difficulté vaincue en faveur de l'utilité publique.

Au reste, quoique toute conduite d'eau rentre dans la classe des aqueducs, ce mot semble aujourd'hui plus particulièrement consacré à désigner ces canaux aériens qui, portés sur des arcades plus ou moins nombreuses, disposées en un seul rang ou en deux et quelquefois trois rangs superposés, traversent les vallées, les marais, les rivières, et transportent les eaux à des lieux que la nature avait frappés d'aridité.

Dès les temps les plus reculés on a construit des aqueducs, et les anciens historiens parlent avec une sorte d'enthousiasme de ces étonnants ouvrages, où la hardiesse des formes n'excluait pas la solidité, où l'harmonie des proportions s'unissait à l'immensité des masses. On cite l'aqueduc de Babylone, construit par Sémiramis, et celui de la tribu d'Israël, construit par Salomon. Les Grecs n'élevèrent pas d'aqueducs; mais les Romains en construisirent un grand nombre, non-seulement dans Rome, mais encore dans les provinces. On met au premier rang, parmi ces derniers, l'aqueduc de Nismes ou pont du Gard, celui de Ségovie dans la Vieille-Castille, celui de Metz qui traversait la Moselle (1). On lit dans Procope,

(1) Voyez l'article suivant.

que sous le règne d'abord si brillant, puis si malheureux de Chosroès, vers le milieu du vi^e siècle,
les Perses construisirent à Pétra, dans la Mingrélie,
un aqueduc qui avait trois conduits l'un au-dessus
de l'autre. Les Italiens modernes ont cherché à marcher sur les traces de leurs ancêtres. L'architecte
Vanvitelli a construit, pour conduire les eaux au
palais du roi de Naples, un aqueduc qui ne le cède
ni en grandeur ni en solidité aux plus beaux ouvrages des Romains dans ce genre. Les Français
avaient devancé les Italiens, et l'aqueduc de Main-
tenon, ouvrage de Louis XIV, aurait pu se placer à
côté des plus grands monuments de l'architecture
ancienne. Il devait conduire à Versailles les eaux de
la rivière d'Eure. Ce prince fit aussi relever l'aqueduc
d'Arceuil, dont on attribue la construction à l'empereur Julien, qui, comme on le sait, aimait beaucoup
le séjour de Lutèce.

Les Romains ne s'étaient pas contentés d'introduire dans leur ville des eaux abondantes ; ils voulurent pourvoir aux moyens de faire couler hors de
Rome les eaux superflues, les résidus des bains,
celles qui avaient servi au nettoyage des rues, etc.
Ils obtinrent ce résultat par des conduits souterrains,
destinés en même temps à recevoir les eaux pluviales.
Les égouts de Rome étaient comptés au nombre des
merveilles de cette ville. Ils s'étendaient sous les rues,
les places publiques, divisés en une infinité de branches qui toutes s'écoulaient dans le Tibre. C'étaient
de vastes galeries solidement voûtées qu'on pouvait

parcourir en bateau , tandis que des charrettes chargées passaient sur les bords du canal ; c'est là ce qui faisait dire à Pline que la ville était suspendue en l'air et qu'on pouvait naviguer sous les maisons. Les Romains n'épargnaient aucune dépense pour la construction de leurs aqueducs. Ils faisaient venir les eaux d'une distance prodigieuse, tantôt sur des arcades, tantôt à travers des roches qu'ils ne pouvaient creuser qu'à force de bras et avec des peines infinies. Les arcades étaient quelquefois basses , quelquefois d'une grande hauteur. Si l'aqueduc devait être très-élevé, comme lorsqu'il s'agissait de traverser une vallée profonde , ils plaçaient deux ou trois rangs d'arcades les uns sur les autres. Ces arcades étaient ordinairement de briques, liées entre elles par un ciment si dur qu'encore aujourd'hui on ne peut en détacher des fragments qu'avec beaucoup de difficulté.

Le plus bel aqueduc de Rome était celui qu'avait fait construire l'empereur Claude ; ce n'était rien moins que ce qu'on entend vulgairement par ce mot ; on le désignait par le nom d'*Aqua Claudia ;* il était tout construit en pierres de taille , et parcourait un espace de 46 milles. Une partie de ce long trajet, 9 à 10 milles, avait lieu sur des arcades hautes de 100 pieds. On cite encore l'aqueduc d'*Aqua Virginalis,* long de 14,000 pas romains , supporté par dix arcades sur une étendue de 700 pas. C'était une construction d'Agrippa, qui l'avait ornée de 400 colonnes et de 300 statues. Il a été restauré par les papes Nicolas V et Pie IV.

On a remarqué souvent que les Romains faisaient parcourir par leurs aqueducs un espace beaucoup plus long que cela n'était nécessaire. Entre Tivoli et Rome, par exemple, une ligne droite était praticable, et ils auraient pu y prendre les eaux du Tévéron, qu'une pente rapide y aurait promptement amenées; et la prise d'eau était pratiquée à 30 milles au-dessus de Tivoli. On a donné plusieurs raisons de cette espèce de phénomène d'architecture. La meilleure, selon nous, est la suivante : Toutes les eaux des environs de Rome étaient extrêmement chargées de parties minérales, celles du Tévéron principalement; il fallait donc qu'avant d'entrer dans Rome, elles eussent le temps de se dégager des matières qu'elles charriaient; on y parvenait en leur faisant faire un long trajet. Pour obtenir des eaux meilleures, plus légères, plus saines, aucun sacrifice ne coûtait aux Romains.

PONT DU GARD.—FONTAINE DE NISMES.

Le pont du Gard, sur lequel est construit l'aqueduc qui amène aux anciens bains de Nismes les eaux des montagnes, se voit à 3 lieues de cette ville. Cet ouvrage des Romains réunissait à une grande magnificence une solidité non moins grande; car il existe encore dans un tel état de conservation qu'on dirait une construction moderne, datant à peine de quelques années; l'arête des pierres paraît aussi vive que si elles venaient d'être taillées. Quelques-unes se sont pourtant détachées des arcades; mais la masse entière offre à l'œil étonné une construction simple, élégante, et d'un aspect imposant et majestueux.

Cet ouvrage est du temps d'Auguste ; il fut construit par la colonie romaine établie à Nismes après la conquéte. Il se compose de trois ponts l'un sur l'autre ; le premier a 6 arches ; la rivière qui coule au fond de la vallée, passe ordinairement sous une seule arche. Le second pont, celui du milieu, en a 11 ; le troisième en a 36 ; c'est celui qui porte l'aqueduc ; il est pavé de larges dalles, et sa hauteur n'est que de 3 pieds. La hauteur totale du pont est d'environ 150 pieds. Son épaisseur, qui, à la base des premières arches, est d'environ 20 pieds, diminue à chacun des trois rangs. La longueur, prise au pied du troisième rang, est de 807 pieds. Quant à l'aqueduc, il n'existe plus que dans quelques parties ; il fut détruit par les barbares du Nord, et peu de temps après, Charles Martel ne le respecta pas davantage.

Pour que ce pont pût servir au passage des piétons, on avait abattu les pilastres du second rang d'arcades. Depuis un demi-siècle, les habitants de Nismes ont accolé à ce pont un second pont large et commode, sur lequel passe la grande route. La longueur de l'aqueduc pour lequel avait été construit le pont du Gard, depuis les sources de l'Eure, près de la ville d'Uzès, jusqu'à Nismes, était d'environ 6 à 7 lieues.

Nismes possédait un grand nombre de monuments

de la magnificence des empereurs. On citait les *Arènes* ou l'Amphithéâtre, la *Maison-Carrée*, le *temple de Diane*, la *Tour-Magne* (*V.* l'article suivant). Mais avant d'en offrir une description succincte, disons un mot de la source fameuse connue sous le nom de *Fontaine de Nismes*, déjà célèbre quand les Romains y arrivèrent. C'est une source qui naît dans une chaîne de collines voisines, et dont les eaux se réunissent dans un grand bassin qui a 72 pieds de diamètre sur 24 de profondeur. Comme ce bassin est beaucoup plus bas que le sol environnant, il est recouvert d'une voûte solide que soutiennent un grand nombre de colonnes. A certaines époques de l'année les eaux sont si abondantes, que la fontaine devient une rivière rapide.

Les Romains avaient construit sur le bord de cette fontaine un très-beau temple, aujourd'hui ruiné. Il est pénible de dire que le nom de Charles Martel se trouve toujours mêlé à ceux des barbares qui dévastèrent Nismes et ses environs.

ARÈNES DE NISMES, MAISON-CARRÉE, ETC.

Nismes, l'ancienne *Nemausus*, reçut par les soins d'Auguste, après la bataille d'Actium, une colonie romaine qui acquit en très-peu de temps, par la protection spéciale que lui accordèrent ses successeurs, et notamment Antonin le Pieux, non moins d'éclat et de célébrité que de puissance. Ce fut par les soins d'Antonin que fut construit l'amphithéâtre encore existant, sous le nom d'*Arènes,* parce qu'il était destiné aux combats des gladiateurs et des bêtes. Il est de forme ovale; sa hauteur est de 63 pieds; sa circonférence de 1080; il pouvait contenir de vingt à vingt-quatre mille spectateurs. L'architecture est d'ordre toscan. L'intérieur présente deux galeries ouvertes, formant deux étages; chaque galerie se compose de soixante arcades, et contient des gradins en pierre de taille dont quelques-uns existent encore. On entre dans l'arène par quatre grands portiques; on voit sculptés sur celui du nord deux taureaux en plein relief, parfaitement exécutés. Cet emblème signifiait, d'après les usages des Romains, que l'amphithéâtre avait été construit aux dépens du peuple; il paraît pourtant qu'Antonin avait contribué aux constructions pour une très-forte somme. Dans beaucoup d'endroits on voit des bas-reliefs représentant des têtes, des bustes et d'autres objets.

Au moyen âge, les Visigoths construisirent dans l'intérieur une citadelle dont il existait encore deux tours il n'y a pas beaucoup d'années, et ils l'avaient entourée d'un fossé large et profond, qui fut comblé dans le XIII⁰ siècle. Les Nismois, dans leurs guerres de religion, y avaient soutenu plusieurs siéges. Quand on sait tout ce que ce monument a souffert, on est justement étonné de le voir si bien conservé. Ses murs extérieurs sont très-entiers, et l'intérieur, déblayé depuis peu d'années, offre un des plus beaux monuments de ce genre que les Romains aient légués à la postérité.

La *Maison-Carrée*, ainsi qu'on l'a reconnu en recomposant l'inscription qui existait sur le frontispice (1), chef-d'œuvre d'architecture et de sculpture, fut construite par les habitants de Nismes en l'honneur de Caïus et de Lucius César, fils de Julie, femme d'Agrippa, et petits-fils d'Auguste. Cet édifice est long de 82 pieds sur 35 de large; sa hauteur est de 37 pieds, sans compter le fronton qui en a 6. Il offre à l'extérieur vingt colonnes engagées dans le mur. Le péristyle, qui est ouvert, a dix piliers détachés pour supporter l'entablement. Tous ces piliers ou colonnes sont d'ordre corinthien; leurs chapiteaux sont supérieurement sculptés; le feuillage surtout excite l'admiration des connaisseurs. Les proportions de tout cet édifice sont si heureusement combinées, il en reçoit une apparence de grandeur telle, qu'on ne peut se défendre d'une vive émotion, quelque indifférence qu'on éprouve d'ailleurs pour les beautés architecturales. Ce qui ajoute à la satisfaction du spectateur, c'est de voir un monument qui a traversé les siècles, sans en recevoir d'altération, respecté même par les barbares. Le cardinal Alberoni disait que la Maison-Carrée était un joyau précieux qu'on devrait couvrir d'or pour le mettre à l'abri des injures du temps. On dit encore qu'un

______

(1) C'est par l'inspection des trous pratiqués pour les clous qui tenaient les lettres de l'inscription, qu'on a deviné en quelque sorte les lettres, les mots et l'inscription même.

peintre italien, s'étant aperçu d'une très-légère réparation moderne à une partie de la voûte, s'arracha une poignée de cheveux, en s'écriant avec fureur : « Qu'est-ce que je vois là, grand Dieu! le bonnet d'Arlequin sur la tête d'Auguste ! » En un mot, de l'avis des connaisseurs, la Maison-Carrée, considérée dans son ensemble comme dans ses détails, est un monument parfait d'architecture, que d'autres édifices égalent peut-être, mais que nul ne surpasse, ni dans l'antiquité ni dans les temps modernes.

Quant à la *Tour-Magne*, située à peu de distance de la Fontaine, ce n'est aujourd'hui qu'une ruine. On croit qu'elle faisait partie d'une forteresse. Cela peut être vrai; mais il n'en reste aucun vestige.

STATUE COLOSSALE DE BRONZE A LONDRES.

Il existe à Londres, près de la porte de fer de Hyde-Park qui donne sur Picadilly, une très-belle statue en bronze, coulée en 1822. Elle a 18 pieds de haut, et elle repose sur un piédestal en granit qui en a 36. Les faces du piédestal sont chargées d'inscriptions. Une de ces inscriptions place la bataille de Toulouse du 12 avril 1814 au nombre des victoires du général déguisé en Achille, en l'honneur de qui la statue a été érigée.

ÉTOFFES OU TISSUS DE VERRE.

La fabrication du verre en Angleterre a été poussée à un tel point de perfectionnement qu'on l'a rendu assez flexible pour être employé à faire des tissus d'une grande finesse, de véritables étoffes. On assure qu'on en fabrique des pièces de 2 aunes 1|2 de long sur une largeur qui varie de 2 pouces à 3 pieds. Ce qui est moins difficile, c'est d'en faire des ornements pour la coiffure des dames, tels que des panaches, des aigrettes, des plumes et autres objets de ce genre.

ORIGINE DES CARIATIDES ET MAISON DU ROI DE SPARTE MÉNÉLAS, OU PORTIQUE DES PERSANS.

A l'orient de l'*Agora* ou ancienne place publique de Sparte ou Lacédémone, aujourd'hui Misitra, on aperçoit les restes d'un portique fameux auquel le vulgaire a donné le nom de *Maison du roi Ménélas,* parce qu'on suppose que ce fut en ce lieu qu'il habita. Cet édifice était de forme carrée ; ses quatre faces se retrouvent dans les ruines que renferment quelques maisons particulières. On voit dans beaucoup d'endroits des entre-colonnements et des entablements bien conservés ; en d'autres lieux ce sont des portions de la voûte. Ce fut dans la construction de ce portique, lit-on dans les anciens auteurs, que les Grecs firent pour la première fois usage des cariatides, ou colonnes travaillées en statues à forme humaine.

Quand les Spartiates conduits par Pausanias, fils de Cléombrote, eurent remporté sur les Perses la fameuse victoire de Platée, pour en éterniser la mémoire, dit Vitruve, ils construisirent une galerie ou portique ; et afin d'humilier l'orgueil de leurs ennemis, ils imaginèrent de donner aux colonnes qui soutenaient la galerie, la forme des Perses captifs, avec leurs vêtements nationaux, pour qu'on ne pût pas s'y méprendre. Depuis cette époque, ajoute le même auteur, plusieurs architectes, à l'exemple des Lacédémoniens, ont fait supporter par des statues du même genre leurs entablements et leurs archi-traves.

PNYX, OU FORUM D'ATHÈNES.

Le Pnyx, ancien lieu de convocation ou d'assemblée du peuple athénien, était situé au pied de la citadelle. Il était entouré de monuments très-mesquins que les Athéniens laissaient subsister comme pour témoigner de la simplicité de l'ancienne architecture. C'était dans le Pnyx qu'on décernait les couronnes civiques et qu'on procédait à l'élection de certains magistrats. Cette place avait une forme semi-circulaire ; la tribune était tournée à l'ouest, afin que l'orateur ne vît point la mer.

Ce qui reste aujourd'hui de cette tribune, d'où sont tombées tant de paroles éloquentes, consiste en un cube oblong dépourvu de toute espèce d'ornements, lequel repose sur une base carrée d'un pied et demi de haut, et d'autant de saillie hors du mur contre lequel la tribune est adossée. Ce mur, enchâssé dans le roc, est formé de blocs irréguliers posés les uns sur les autres, sans aucun ciment. La tribune occupait la partie la plus élevée de la place ; mais comme le terrain d'alentour avait été nivelé sur un plan incliné, on ne pouvait guère voir que la tête de l'orateur. Il y a loin de l'architecture du Pnyx à celle qui plus tard illustra la Grèce.

En déblayant ce terrain, il y a peu d'années, on a trouvé un grand nombre de figures de pierre, sculptées en bas-relief, et semblables pour la forme à des *ex-voto ;* et on a remarqué dans le mur de petites niches où ces statuettes furent probablement placées dans les premiers temps. On a pensé qu'il y avait eu là quelque temple consacré à Esculape.

La partie supérieure de la tribune ou plutôt du cube qui en tenait lieu, est un peu détériorée ; le reste est très-bien conservé. On y montait par huit degrés hauts chacun d'un pied ; il n'y avait au surplus ni parapet ni balustrade ; la personne entière de l'orateur était en évidence ; mais l'inclinaison du terrain était cause qu'il ne pouvait être aperçu que par les premiers rangs des auditeurs.

MANUFACTURES.

La nécessité de se vêtir et de se pourvoir de divers objets nécessaires, a fait naître les manufactures qui, fort simples dans leurs commencements, sont peu à peu parvenues à un haut degré de perfection. Les hommes s'habillèrent d'abord de peaux de bêtes ; quelques peuplades sauvages conservent encore ces vêtements. Ce fut Noéma, sœur de Jubal et de Tubalcaïn, qui inventa l'art de filer et d'ourdir la toile. Les Hébreux laissaient aux femmes cette occupation, qu'ils ne jugeaient pas digne de l'homme ; les Phéniciens et les Grecs pensèrent sur ce point comme les Hébreux ; mais les Grecs en recevant la tradition hébraïque l'accommodèrent à leur génie particulier ; ils firent de Jubal, Apollon, dieu de la musique ; de Tubalcaïn, leur Vulcain ; et de Noéma, leur Minerve. Homère, peintre fidèle des mœurs et des usages de ces temps antiques, représente Calypso, Circé, Pénélope occupées à fabriquer des étoffes sur le métier.

Cette coutume se transmit des Grecs aux Romains ; et de même que le roi des rois d'Homère portait des habits, ouvrage de sa femme, de même l'empereur Auguste n'usait que les étoffes tissées par sa femme, sa sœur et ses filles. Les choses ne se maintinrent pas longtemps sur ce pied, et sous le règne de Caligula et de Néron on établit des manufactures publiques, qu'on appela *Gynécées,* parce qu'on n'y faisait travailler que des femmes. Les Gaulois ne manufacturaient que la laine, et leurs étoffes, au rapport de Pline, étaient de poil ras ou à long poil.

On attribue aux Phéniciens la découverte de la pourpre, que fournissaient deux coquillages, le buccin et le murex. Comme ces coquillages n'étaient pas communs et qu'on n'en tirait qu'une petite quantité de couleur, la pourpre était extrêmement chère. Du reste la pourpre ne prenait ni sur la soie ni sur la laine ; le coton seul pouvait la recevoir. Les Phéniciens ne connurent pas la cochenille, qui s'applique à toutes sortes de tissus, même aux tissus de poil de chèvre. Le buccin et le murex ne se trouvaient guère que sur la côte de la Phénicie. La pourpre qui venait de la Laconie et de la Gétulie était d'une qualité inférieure.

Il existe dans les eaux de Panama, ville maritime de l'Amérique centrale, une espèce de murex dont on retire une liqueur qui a toutes les propriétés de la pourpre de Tyr, et qui ne teint comme cette dernière que les étoffes de coton et les filaments tirés de certaines plantes. Au reste ces coquillages sont moins rares que ne le croyaient les anciens, et dans plusieurs relations de voyages maritimes il en est fait mention. Si on néglige de recueillir ces coquillages, c'est parce qu'ils sont très-avantageusement remplacés par la cochenille.

Les anciens connaissaient, outre la pourpre, l'écarlate, que les Latins appelaient *coccus*, et les Arabes *kermès*. Ils tiraient cette couleur principalement de l'Espagne. Toutefois l'art de teindre en écarlate n'a été perfectionné que par les modernes.

Les Toscans avaient des ateliers de broderie ; on dit qu'ils les devaient aux Phrygiens. Les Romains apprirent des Toscans à broder. On dit encore que les Babyloniens furent très-habiles à faire des tapis sur lesquels ils brodaient des figures de toutes couleurs. Quant aux tapisseries, ces peuples, habitant des climats chauds, n'en fabriquaient point. Ce n'est que dans les contrées de l'Occident qu'on a tapissé les murs, et nous ajouterons que c'est principalement en France que les manufactures de ce genre ont porté la perfection à un point qui ne permet pas aux peuples voisins d'espérer qu'ils pourront égaler ses produits.

Il suffit de citer la manufacture des Gobelins, à Paris, laquelle au surplus se distingue par la pureté et la correction de ses dessins, ce qu'elle doit à l'action du fameux peintre Le Brun qui la dirigea durant plusieurs années. Le ministre Colbert y ajouta une fabrique de draps et de teinture écarlate.

Les Égyptiens firent un grand usage des tissus de lin. Les Romains, leurs vainqueurs, adoptèrent plusieurs de leurs coutumes, et les toiles de lin devinrent communes à Rome. Ils reçurent plus tard, des marchands étrangers, les étoffes de soie; mais ces étoffes y furent d'abord si rares et si chères, qu'au temps d'Aurélien elles se vendaient au poids de l'or. Ce ne fut que sous l'empereur Justinien que la soie devint commune à Constantinople et dans la Grèce. On prétend que deux moines, qui avaient fait le voyage de l'Inde, en avaient rapporté des œufs de vers, et qu'ils enseignèrent en même temps la manière d'élever ces insectes, et de préparer les cocons pour en extraire la soie. Au temps des croisades, le roi de Sicile Roger, ayant conquis plusieurs villes de la Grèce, en emmena des ouvriers qui établirent leur atelier à Palerme et dans la Calabre (1130); de là cette branche d'industrie se répandit en Italie et en Espagne.

Ce ne fut que vers l'an 1470 et sous le règne de Louis XI, qu'il est d'usage de peindre exclusivement comme un tyran farouche, et qui fut du moins un prince éclairé, ami des arts et du commerce, qu'on vit paraître en France des manufactures de soieries.

Les premières s'établirent à Tours. Des ouvriers y furent appelés de Gênes, de Venise et de Florence. Henri II marcha sur les traces de Louis XI; il fit planter des mûriers dans tous les cantons de la France où ces arbres pouvaient venir. Les manufactures déchurent pendant les troubles de la Ligue; elles furent restaurées par Henri IV, qui du reste encouragea toutes les industries.

Colbert ne se contenta pas de relever les manufactures tombées, de soutenir celles qui chancelaient, d'assurer la prospérité des autres. Il en créa de nouvelles, et de nombreuses fabriques de passementeries et de dentelles s'élevèrent dans plusieurs villes. Les manufactures de Lyon sont connues non-seulement par toute l'Europe, mais jusqu'au fond de l'Asie et de l'Amérique. Les manufactures de soieries ont fait beaucoup de progrès en Allemagne depuis quelques années.

Il est assez ordinaire que dans la pratique des arts on pousse des choses à l'excès. On prétendit que les chenilles les pins pouvaient donner une soie forte et abondante; on voulut même tirer des cocons de certaines araignées; on alla jusqu'à emprunter aux sauvages les procédés par lesquels ces *hommes de la nature* fabriquaient des tissus fort grossiers avec les fils qu'ils tiraient de l'écorce de certains arbres : ce qui sans doute était fort industrieux pour des sauvages qui n'avaient ni chanvre, ni lin, ni laine, ni soie. Cela toutefois n'eut pas beaucoup de succès en France, où l'on continua de s'occuper de toiles, de draps et de soieries; et on laissa les araignées dans leurs trous, les chenilles sur leurs pins, et les sauvages fabriquer leurs pagnes avec de l'écorce d'arbre.

Si nous devons en croire Pline, la fabrication du verre fut due au hasard. Des marchands qui portaient du nitre, s'étant arrêtés près d'une source qui vient du Mont-Carmel, pour faire cuire leurs aliments, cherchèrent vainement quelques pierres pour élever leurs marmites au-dessus du sol. N'en trouvant pas, ils prirent quelques morceaux de nitre. L'action du feu mêlant le nitre avec le sable, fit couler une matière transparente qui, refroidie, forma un verre grossier, mais diaphane.

Cette découverte fut précieusement recueillie par les Égyptiens, qui perfectionnèrent ce nouvel art, façonnèrent le verre au tour, lui donnèrent des formes diverses en le soufflant, et en firent des ouvrages de prix. Il est probable que ces fameux vases myrrhins, si estimés des anciens, et dans la matière desquels quelques modernes ont cru voir la porcelaine, n'étaient pas autre chose que des vases de verre coloré.

Remarquons, en passant, que ce n'est que depuis le VIe ou le VIIe siècle de l'ère vulgaire que le verre fut façonné en vitres. Cela ne doit pas surprendre; presque tous les arts sont nés dans l'Orient. Les habitants de ces contrées, où le froid ne se fait jamais sentir, ne garnissaient leurs croisées que de rideaux ou de jalousies, comme cela se pratique encore dans la Turquie d'Asie; et les Chinois ne ferment leurs croisées qu'avec une toile très-fine, enduite de cire luisante.

Les Romains employèrent une espèce de tôle qui se fendait par feuilles très-minces, qu'ils appelaient *lapis specularis*. Ces feuilles laissaient passer la lumière et empêchaient le soleil d'entrer.

Les vitres s'employèrent de bonne heure dans les Gaules; Grégoire de Tours le dit positivement. Vers la fin du viie siècle, la vitrerie passa de la Gaule en Angleterre. Ce furent des ouvriers venus de la Gaule qui posèrent aux croisées de l'église et du monastère de Viremouth les premières vitres qu'il y ait eu dans la Grande-Bretagne.

L'invention des vitres amena bientôt après celle des glaces de miroir. Les Vénitiens parvinrent les premiers à faire des glaces d'un beau poli et fort blanches, hautes de 50 pouces. Les Français imitèrent les Vénitiens, et bientôt les surpassèrent par leurs glaces de Saint-Gobin. Les Espagnols, sous ce rapport, ne restèrent pas en arrière, et leurs glaces de la manufacture de Saint-Ildefonse, hautes de 10 à 12 pieds sur une largeur proportionnée, ont été pendant longtemps les seules qu'on ait fabriquées en Europe sur d'aussi grandes dimensions.

Les Grecs et les Romains eurent des fabriques renommées de poterie; on vantait surtout les vases étrusques et tout ce qui sortait de l'Étrurie; mais à juger par les débris de poterie que les fouilles ont fait découvrir, il y a loin de ces objets à ceux du même genre qui sortent des fabriques françaises. Quant à la porcelaine qui venait de la Chine, et qu'on a regardée longtemps en Europe comme inimitable, parce que les Chinois ont toujours caché avec soin aux étrangers la connaissance de leur procédé et la matière dont ils la tiraient, la France n'a rien à envier à la Chine, et de sa manufacture de Sèvres sortent chaque jour des ouvrages d'une si admirable beauté qu'on peut dire que la porcelaine de Chine, abstraction faite de la matière, n'est qu'une grossière poterie en comparaison des produits de la manufacture française.

Nous avons vu à Madrid, dans le parc du *Buen-Retiro*, une manufacture de marqueterie en pierre. Il en sortait des ouvrages si beaux qu'on pouvait bien les regarder comme de véritables prodiges. C'étaient des miniatures représentant des fleurs, des animaux, des paysages, et les couleurs y étaient si bien nuancées, leur gradation si artistement ménagée que l'illusion était complète. Il fallait toucher pour se convaincre qu'on avait sous les yeux des milliers de fragments de pierre et non le produit d'un pinceau délicat et exercé.

Le progrès ! c'est aujourd'hui le mot d'ordre en France. En 1806, Gensoul, de Lyon, a inventé un appareil qui chauffe par la vapeur les cocons contenus dans les bassines. La machine Jacquart, ainsi nommée du nom de son inventeur, tisse elle-même les étoffes de soie, et elle n'a besoin que d'un seul ouvrier pour exécuter les tissus les plus façonnés. A l'avant-dernière exposition des produits de l'industrie française, on a vu une machine qui, une fois montée et garnie, exécutait elle-même des broderies en soie de toutes couleurs et à fond uni.

On a construit depuis 1767, en Angleterre, diverses machines à filer le coton, qui ont reçu les plus grandes améliorations, au point de donner à ce fil une finesse prodigieuse. D'autres machines ont été employées dans le même pays à la fabrication des lainages. L'emploi de ces machines a fait diminuer des 19[20 le nombre des ouvriers. En 1810, Napoléon avait ouvert un concours auquel était attaché le prix énorme d'un million à l'inventeur de la machine qui filerait les lins les plus fins. Le prix n'a pas été donné, mais plusieurs machines rivales ont offert des fils d'une extrême finesse. Une manufacture de souliers établie à Londres en 1804 est très-remarquable par l'extrême célérité avec laquelle elle rend ses produits, très-bien confectionnés d'ailleurs.

La machine à graver de M. Couvé; les nouveaux procédés de stéréotypage; l'éclairage par le gaz hydrogène; le moule à refouloir pour la fonte des caractères d'imprimerie; les presses mécaniques; la machine à fabriquer le papier de Didot Saint-Léger; le procédé par lequel le platine est rendu malléable; la charrue Grangé, inventée par un simple garçon de ferme des Vosges, adoptée dans plusieurs contrées de l'Europe; le daguerréotype, qui donne la nature elle-même pour peintre à l'homme, à la fleur, au paysage, dont tous les traits vont se graver sur une plaque de métal préparée avec une fidélité parfaite ; le pyréolophore de Neipce, mu par l'air dilaté au moyen du combustible, découverte dont les résultats peuvent devenir immenses, qui sera le principe de tous les procédés qui succèderont à la vapeur : ce sont là autant de créations qui feront à jamais la gloire du XIXe siècle.

DES ARTS MÉCANIQUES.

La mécanique est fondée sur la connaissance de la pesanteur, du centre de gravité et de l'équilibre des corps ; équilibre qui dépend de la pesanteur du corps, mise en proportion avec la distance à laquelle se trouve le point d'appui. C'est avec ces simples notions réglant et dirigeant son industrie, que l'homme a fait naître sous sa main des prodiges.

Les Égyptiens furent incontestablement très-versés dans la mécanique. Leurs obélisques en font foi. Comment détachaient-ils ces masses énormes de la carrière ? comment les transportaient-ils, les élevaient-ils ? Les deux obélisques de Sésostris, qu'Auguste fit transporter à Rome, étaient d'un seul bloc, et avaient chacun, dit-on, 120 coudées de haut. L'obélisque du Vatican a 100 coudées. Les pierres qui ont servi à la construction des pyramides ont été tirées des carrières de la chaîne arabique ou de l'Éthiopie ; et ces pierres, qui ont jusqu'à 30

pieds de long., ont été élevées à la hauteur de 4 à
500 pieds.

Les Grecs apprirent des Égyptiens les principes
de la mécanique, et bientôt ils surpassèrent leurs
maîtres. Leurs historiens prétendent que dans la
fête des Panathénées on voyait un vaisseau de mille
rames s'avancer par terre, ses voiles déployées,
depuis le Céramique, faubourg d'Athènes, jusqu'au temple d'Éleusis, et que c'étaient des ressorts cachés dans le fond du vaisseau qui faisaient
mouvoir les rames et glisser le vaisseau sur le sol.
Ils parlent aussi de l'automate qui orna la marche
triomphale de Ptolémée Philadelphe, après une
victoire remportée sur les ennemis. C'était la statue
colossale de Nysa, nourrice de Bacchus, de 12
pieds de haut, qu'on promenait assise sur un char ;
de temps en temps elle se levait, faisait des libations
de lait qu'elle versait d'un flacon d'or, puis s'asseyait
de nouveau.

Les Romains ne prirent d'abord de la mécanique
que ce qui concernait la guerre ; plus tard ils s'y
adonnèrent. Ils avaient fabriqué des chariots qui
mesuraient le chemin. Vitruve, qui en parle, dit que
le mécanisme consistait en ce qu'une dent attachée
au moyeu de la roue du chariot faisait tourner plusieurs roues dont la dernière mettait en mouvement
une aiguille qui marquait le nombre des toises. Il y
avait aussi une roue de compte qui à chaque mille
laissait tomber un caillou sur un timbre d'airain.

On lit dans l'histoire romaine traduite de l'anglais

par Laurent Achard, que, vers l'an 934, un imposteur, nommé Basile, voulut se faire passer pour Constantin Ducas, mort depuis quelques années, et qu'il réussit même à se faire un parti assez considérable. L'empereur ne voulut point user de rigueur envers tous ceux qui lui étaient suspects; il se contenta de faire arrêter Basile et d'ordonner qu'on lui coupât la main droite. On dit que Basile, guéri de sa blessure, se fit ajuster une main de cuivre, et qu'il apprit à s'en servir pour le maniement des armes aussi bien que de la main qui lui restait. Nous ne savons où l'auteur anglais a pris ce fait, et il nous semble qu'il aurait mérité confirmation.

On a vu toutefois, à Paris, au commencement du XVIIIe siècle, quelque chose qui rend le prodige de Basile moins invraisemblable. Un officier suédois, nommé Gunterfield, avait eu les mains emportées par un coup de canon. Il s'adressa au Père Sébastien, de l'Académie des Sciences, mécanicien très-habile. Celui-ci commença le travail; mais, appelé ailleurs par des ordres supérieurs, il confia ce qu'il avait déjà fait à M. Du Quet, et le chargea de terminer son travail. Celui-ci fit deux mains que l'officier pouvait porter à sa tête, et avec lesquelles il pouvait ôter son chapeau et le remettre. L'impatience du Suédois ne permit pas à M. Du Quet d'en faire davantage.

Les modernes n'ont pas été au-dessous des anciens dans l'étude et l'application de la mécanique; on peut même dire que sur beaucoup de points ils les ont surpassés. Archimède avait tiré du levier tous les principes relatifs à l'action des machines; et ce système avait été généralement adopté. Il appartenait à Descartes, qui déjà s'était écarté de la physique d'Aristote, de s'éloigner des principes d'Archimède. Il analysa le mouvement, la force et l'action de toutes les machines, et il montra qu'elles étaient indépendantes l'une de l'autre. Mais tandis que plusieurs savants discutaient sur les causes du mouvement, d'autres savants appliquaient la théorie à la pratique. Parmi eux se distingua le Père Sébastien (Truchet), de qui nous avons déjà parlé; et le fameux Pascal inventa sa machine à faire toute espèce de calculs, sans aucune notion d'arithmétique.

Un des premiers arts, le premier peut-être que les hommes cultivèrent, fut probablement la charpenterie, qui se confondit alors avec l'architecture; car il fallut songer de bonne heure à se garantir des injures de l'air, de la pluie, du vent, du soleil, etc.; et l'on commença par bâtir des cabanes de branches d'arbres. Par combien de transitions insensibles est-on arrivé au palais!

Après les charpentiers sont venus les menuisiers; David habitait une maison lambrissée de cèdre; Salomon lambrissa de cèdre les murs et la voûte du temple; il couvrit le pavé de sapin, et l'Écriture remarque que l'assemblage des diverses pièces de bois était parfaitement exécuté. La marqueterie en bois naquit du lambrissage. On voulut enjoliver par des dessins les lambris trop nus, qu'on divisa en compartiments séparés par des pilastres et par des colonnes.

L'art de tourner est très-ancien ; Pline attribue à Phidias l'invention du tour ou du moins l'idée génératrice de cette utile machine. Les anciens n'employèrent d'abord le tour qu'à fabriquer des vases, qu'ils ornaient ensuite à l'extérieur de demi-reliefs. Les modernes ont poussé très-loin l'art de tourner, et plusieurs princes s'y sont adonnés. Fontenelle le dit du czar Pierre 1er.

L'art de dorer n'est pas moins ancien que celui de tourner. Les Grecs et les Romains étendirent l'or par feuilles très-minces sur la pierre et sur le bois. Pour coller ces feuilles sur le marbre, ils se servaient de blanc d'œuf ; mais pour le bois ils employaient une composition glutineuse. On lit dans Homère que Nestor fit dorer les cornes d'un taureau qu'il voulait sacrifier. Les Hébreux faisaient mieux ; au lieu de dorer, ils appliquaient des lames d'or. Ce fut ainsi qu'ils ornèrent l'arche d'alliance, la table des pains de proposition et l'oracle du temple.

Les anciens connurent aussi de bonne heure l'art de jeter en fonte. Les Phéniciens surtout passaient pour d'excellents fondeurs. Ce fut de Tyr que Salomon fit venir à Jérusalem l'ouvrier Hiram pour couler en fonte la mer d'airain et les deux colonnes de 18 coudées qu'il plaça au vestibule du temple. Cet art a fait de bien grands progrès chez les modernes, où l'on coule des ouvrages qui ont tout le fini que pourrait donner le ciseau le plus parfait. Paris renferme une infinité d'ouvrages de ce genre, parmi lesquels nous devons nous borner à nommer le revêtement de la colonne de la place Vendôme.

La monnaie se fabriquait autrefois au marteau. Nicolas Briol inventa le balancier; et ce qui a lieu d'étonner, c'est que le chancelier Séguier fut obligé d'employer son autorité pour obliger les Français à l'adoption de cette machine, que les Anglais, qui en général n'estiment que ce qu'ils font eux-mêmes, s'étaient hâtés pourtant d'accueillir.

Quant à la fabrication des cloches, elle n'a commencé que dans le VIIe siècle; les anciens, qui avaient inventé la manière d'allier les métaux, n'avaient point de cloches ou du moins de grosses cloches; car on sait que les Romains avaient des sonnettes dans leurs maisons. Quoi qu'il en soit, cet art ne s'est perfectionné en France que dans le XIVe siècle. Ce fut sous le règne de Charles V que Jean Jouvente fondit la cloche du palais de Paris et celle de l'horloge de Montargis.

L'orfévrerie a pris naissance dans l'Orient. Les premiers ouvrages de ce genre dont l'histoire fasse mention, ce sont les bracelets et les pendants d'oreilles qu'Éliézer, serviteur d'Abraham, donna de la part de son maître à la jeune Rébecca. Ces bijoux étaient en or, et pesaient 12 sicles ou 6 onces. Dans le désert et en l'absence de Moïse, les Israélites donnèrent leurs bijoux pour former le veau d'or. Il paraît, suivant Diodore de Sicile et même Cicéron, qui décrit le superbe chandelier d'or qu'Antiochus destinait au Capitole, que l'orfévrerie était très-avancée en Syrie ; mais tout ce qu'on peut dire de l'habileté des orfévres de ce pays ne saurait donner qu'une idée très-incomplète de la beauté, de la délicatesse et de l'élégance de ce qu'on fabrique aujourd'hui.

La taille des pierres précieuses n'est pas moins ancienne que l'orfévrerie. L'Écriture nous apprend que Bézéléel tailla les douze pierres du rational du grand prêtre. On y voit l'onyx, la sardoine, le saphir, l'émeraude, etc.; il n'est pas fait mention du diamant. Les Syriens l'ont connu, mais plus tard, il est vrai ; le chandelier d'Antiochus en était incrusté. Lorsque le commerce avec l'Inde se fut établi sur de plus larges bases, après l'expédition d'Alexandre, les diamants devinrent moins rares.

L'art d'embaumer les corps remonte à la plus haute antiquité. Il était surtout en usage chez les Égyptiens; il tenait chez ces peuples à leurs idées religieuses. Persuadés que l'âme, après sa séparation d'avec le corps, avait à subir des épreuves diverses, après lesquelles elle était renvoyée sur la terre pour reprendre son corps et recommencer une nouvelle vie, ils avaient le plus grand soin des corps de leurs parents et de leur conservation, afin qu'à leur retour ils les retrouvassent habitables. Si par malheur le corps était détruit ou perdu, l'âme était obligée d'entrer dans un corps étranger, d'ordinaire le corps d'une bête. Les Israélites apprirent des Égyptiens l'art de l'embaumement.

En France, on embaume les corps qui doivent rester quelque temps exposés; mais comme il ne s'agit pas de les conserver indéfiniment, on se contente d'une préparation de plantes aromatiques et de baume du Pérou, ou plus simplement de tan, de cendre et de chaux. Au temps de saint Louis, on faisait bouillir les corps pour séparer la chair des os; mais dans le xive siècle l'art d'embaumer était connu. Les Anglais embaumèrent le corps du roi Jean avant de le renvoyer en France.

La Sicile fut le berceau des barbiers; de là ils passèrent en Italie. Au temps d'Auguste, les boutiques de barbiers étaient un rendez-vous pour les oisifs. Cette coutume avait passé d'Italie en France, et elle s'y est fort longtemps maintenue. On sait que Molière, se trouvant, à Pézenas, chef d'une troupe de comédiens, allait chaque jour chez un barbier de la ville savoir les nouvelles. On y conservait encore, il n'y a pas trente ans, le fauteuil sur lequel s'asseyait notre grand comique.

Il est peu d'arts qui aient subi plus de changements, d'altérations, de modifications, que celui de l'écriture. Elle s'introduisit d'abord dans l'Orient. On écrivit sur des feuilles de palmier, puis sur l'écorce flexible de certains arbres; puis on eut des tablettes de bois très-minces, enduites de cire, et l'on écrivait sur ces tablettes avec un poinçon. L'une des extrémités de ce poinçon ou style était plate, et servait à effacer ce qu'on avait écrit lorsqu'on voulait faire quelque correction. Vint enfin le papier fa-

briqué avec le *papyrus* ou *biblos*. Au reste, où
ignore quelle était cette plante , et les érudits ont
bâti sur ce point beaucoup d'hypothèses qui ne nous
apprennent rien. Le papyrus, dit-on, était un ar-
brisseau qui croissait dans les lieux humides et dont
on faisait des voiles , des cordages , du papier , etc.
Le biblos ou biblus était une plante aquatique crois-
sant en Égypte ; mais on ne trouve aujourd'hui en
Égypte ni l'un ni l'autre de ces végétaux. On est
presque tenté de croire qu'ils n'ont jamais existé,
que les Égyptiens tiraient leur papier de quelque
plante de leur pays , et qu'ils en faisaient mystère ,
comme les Chinois l'ont toujours fait de leur kaolin,
ou terre à porcelaine.

Quand le roi de Pergame Eumène voulut augmenter
sa bibliothèque en faisant transcrire des livres , il
s'adressa aux Égyptiens pour avoir du papier. Ptolémée défendit, sous les plus graves peines, l'expor-
tation du papier, de peur que la bibliothèque de Pergame ne devînt aussi volumineuse que celle d'Alexandrie. Eumène ne se découragea point ; et ne pouvant
obtenir du papier, il fit transcrire sur du parchemin
tous les livres qu'il put découvrir. L'usage du parchemin devint alors général dans l'Asie-Mineure ,
dans la Grèce et à Rome ; mais quand l'Égypte fut
devenue province romaine, le papier devint très-
commun. On voit par une lettre de saint Augustin ,
de l'an 390 , qu'on se servait alors pour écrire de
papier, de parchemin, ou de tablettes d'ivoire.

Les Arabes, après avoir conquis la Syrie et l'Égypte, substituèrent à l'ancien papier celui de chiffons. Ils le portèrent en Espagne, d'où il ne tarda pas à se répandre en Allemagne dans le commencement du XIVe siècle. C'est le papier dont nous nous servons encore.

FABRICATION DES INSTRUMENTS DE MUSIQUE.

Une des branches d'industrie qui ont fait le plus de progrès dans l'espace d'un demi-siècle, c'est la fabrication des instruments de musique, principalement pour les instruments à touches et à clavier. Les hommes dont les souvenirs remontent jusqu'au temps qui a précédé la grande révolution française, n'ignorent pas qu'à cette époque un bon instrument était chose fort rare. Nous ne parlerons pas des violons, pour lesquels il faut admettre une exception, et nul luthier n'a surpassé, ni peut-être même égalé le fameux Stradivarius, malheureusement mort dans un âge peu avancé, et dont les violons jouissent d'une grande réputation, et se vendent à un très-haut prix. Mais depuis Stradivarius que d'améliorations dans tous les autres instruments à vent, à corde, à clavier! que d'instruments nouveaux ont été inventés!

La musique militaire était maigre et peu harmonieuse, elle manquait de basses; elle a aujourd'hui des trompettes de plusieurs formes, des trombones, des ophicléides, le cor à piston et une infinité d'autres.

Il est fâcheux qu'on néglige le basson, qui dans la musique chantante se marie si bien avec la voix humaine, et qu'on ne parvienne pas à ôter au cor à piston ce son nasillard qui, malgré la plus brillante exécution, remplace imparfaitement le son plein et harmonieux du cor ordinaire.

Le piano a remplacé partout le clavecin; la musique et l'oreille y ont également gagné, l'une sous le rapport de l'étendue et de la plus grande facilité dans l'exécution, l'autre pour la qualité du son. Le clavecin, s'il s'en trouve encore aujourd'hui quelqu'un, peut être regardé à peu près comme un objet d'antiquité. Le mettre en parallèle avec le piano au son plein, velouté, doux, harmonieux, c'est comparer l'orgue de Barbarie à l'orchestre des Italiens ou de l'Académie royale. On fabrique aujourd'hui des pianos à queue, des pianos carrés et des pianos droits. Les premiers ont beaucoup de son, mais sont embarrassants parce qu'il leur faut beaucoup de place. Les seconds ont moins de son, mais sont plus commodes. Il paraît qu'aujourd'hui les pianos droits sont les plus recherchés, à cause de leur forme qui leur donne l'apparence d'un meuble élégant, et même de la qualité de leur son que bien des gens préfèrent à celui des pianos carrés, ce qui vient probablement de ce que dans ceux-ci les cordes sont couchées horizontalement, tandis que dans les autres elles tombent verticalement, ce qui rend les vibrations plus sonores. Ce qu'il y a de plus extraordinaire, c'est l'extrême bon marché de ces délicieux instruments. Il y a trente ans on payait encore un piano carré quinze à dix-huit cents francs, et même davantage. Aujourd'hui des pianos droits excellents sont livrés chez les meilleurs facteurs de Paris à sept cents francs et même au-dessous. C'est la concurrence qui a depuis quelque temps amené cette baisse; les fabricants s'en plaignent, mais les consommateurs y gagnent.

Au commencement de ce siècle, un Allemand inventa l'orchestrino. C'était un grand piano carré à cordes de boyau au lieu de cordes métalliques. Ces cordes résonnaient au moyen d'un archet qui s'étendait au-dessous dans toute la longueur du clavier, et qu'on faisait mouvoir au moyen d'une pédale. Dans les pianos ordinaires la touche fait lever un marteau qui va frapper sur la corde; ici au contraire la touche fait abaisser la corde sur l'archet. Tout ce mécanisme est très-ingénieux; cependant l'orchestrino n'a pas eu beaucoup de succès : d'abord parce qu'il faut que l'exécutant, outre le travail des mains, fasse continuellement marcher la pédale pour que l'archet ne s'arrête pas; ensuite parce que le son n'est précisément ni celui des deux violons, de l'alto et du violoncelle exécutant un quatuor, ni celui du piano à cordes métalliques.

Vers la même époque on entendit beaucoup d'harmonica. C'étaient des instruments composés de lames de cristal graduées de manière à produire par le choc des touches tous les tons et demi-tons de la gamme. On prétendait que le son, pour ainsi dire vaporeux de cet instrument agissait fortement sur le genre nerveux. On fabriquait aussi des harmonica portatifs, qui consistaient en un certain nombre de ces lames de verre, embrassant une ou deux octaves rangées horizontalement, et sur lesquelles on frappait avec une baguette garnie à son extrémité d'un bouton.

Il serait trop long de citer et surtout de décrire tous les instruments qu'on a faits et qu'on fait encore tous les jours, tous les perfectionnements qu'on a faits à d'autres. Mais pour faire voir jusqu'où peut aller l'industrie dans ceux à qui leur position ne permet pas d'entreprendre en grand, nous citerons le fabricant de *flûtes de Pan* qu'on voit depuis bien long-temps à Paris vendant ses instruments pour le modique prix de quelques centimes. Ce sont des tuyaux de roseau coupés à différentes longueurs, et choisis dans des grosseurs analogues à la gravité des sons qu'ils doivent rendre. Ces tuyaux, fermés par le bout inférieur, ouverts par l'autre, rendent avec plus ou moins de justesse les sons de la gamme. Ils sont rangés l'un à côté de l'autre et fixés sur des pièces transversales, de manière à former un triangle dont les deux lignes supérieure et latérale forment un angle droit, et la ligne inférieure un angle aigu avec la ligne supérieure.

L'artiste en promenant ses lèvres ou son souffle sur ces tuyaux en tire des sons assez flûtés. Nous disons l'artiste, parce que le fabricant, pour attirer les acheteurs, ne manque pas de faire entendre un air lorsqu'il voit les chalands s'approcher de sa boutique portative. Nous croyons même qu'il a inventé quelque instrument qu'il place dans sa bouche, et qui divise son souffle de manière à pouvoir le diriger à la fois sur deux tuyaux, de sorte qu'on entend assez distinctement des accords de tierce sur plusieurs notes qui se suivent.

VEILLEUSES SANS MÈCHES.

Ce que nous venons de dire sur les flûtes de Pan, chalumeaux ou pipeaux, nous rappelle un autre genre d'industrie s'exerçant aussi sur de bien minces objets; nous voulons parler des veilleuses sans mèche. Les allumettes phosphoriques de Fumade avaient acquis une grande vogue; tout le monde avait des briquets Fumade. Ils avaient pourtant des inconvénients. On chercha les moyens d'avoir des allumettes rivales, et on y réussit; on eut les allumettes chimiques allemandes et françaises, et il faut convenir qu'elles sont fort commodes, puisqu'il suffit de frotter fortement l'allumette contre un corps dur, un peu raboteux, pour avoir à l'instant de la lumière, avec ou sans détonation; aussi sont-elles devenues d'un usage général.

A l'époque où ces allumettes nouvelles envahirent les domaines du briquet phosphorique, il parut une énorme quantité de veilleuses à mèches blanches, bleues, rouges, grises, sur liége, sur carte, sur terre, les unes se soutenant elles-mêmes au-dessus de l'huile, les autres reposant sur une étoile de fer-blanc garnie à ses pointes de morceaux de liége ; d'autres encore, qu'on appelait *à réflexion* parce que la mèche se trouve placée au milieu d'un petit demi-globe de fer-blanc très-bien poli, de sorte que la lumière, frappant les parois concaves de ce demi-globe, se réfléchit de tous côtés.

Il ne semblait pas qu'on pût faire ni mieux ni plus ; mais depuis longtemps on nous a appris à ne jamais désespérer de l'industrie en France. On vit tout à coup paraître sur les boulevards à Paris des veilleuses sans mèche, brûlant ou, pour mieux dire, éclairant assez bien d'une manière toujours égale. Ces veilleuses consistent en un demi-globe de verre d'environ 15 lignes de diamètre sur 5 à 6 lignes de profondeur. Ce trou est percé au fond d'un petit trou d'une ligne ou d'une ligne et demie de diamètre, dans lequel s'insère un petit tube de verre dont la hauteur ne doit pas excéder la hauteur des parois du globe ni être moindre, pour que l'huile sur laquelle on place la veilleuse, pressée par l'air extérieur, n'entre pas dans l'intérieur en coulant par-dessus les bords du petit tube, comme cela ne manquerait pas d'arriver s'il était plus bas que le niveau de l'huile. Quand on veut se servir de la veilleuse, il faut chauffer un peu le bord supérieur du tube, afin que l'huile qu'il contient prenne un peu de chaleur et qu'elle prenne feu, ce qui arrive au bout d'une minute ou deux. Lorsqu'une fois la veilleuse est allumée, l'huile brûle jusqu'à la dernière goutte. Encore aujourd'hui on voit tous les jours à Paris, sur le boulevard, une petite boutique permanente où le fabricant vend ses produits.

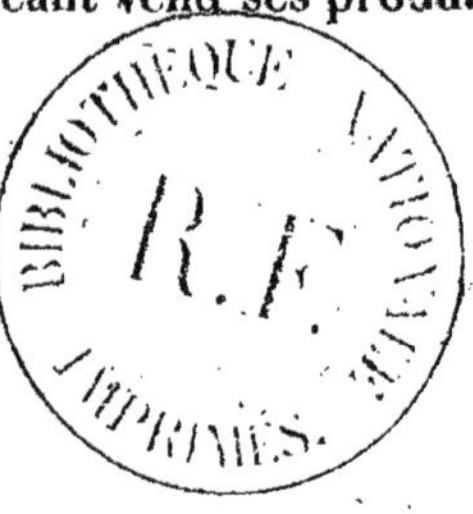

FIN.

TABLE

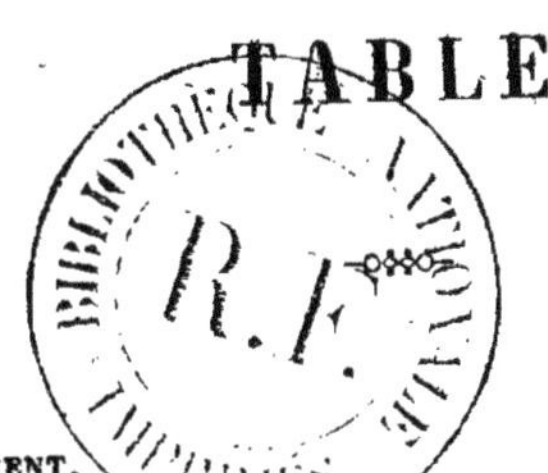